中学英熟語 430

Gakken

はじめに

　高校入試で出題される,実用的な英熟語をランク順にまとめた『ランク順英熟語』の最初の版が刊行されたのは1989年のことです。その後,最新のデータに合わせて改訂を重ね,今ではシリーズ累計300万部を超えるベストセラーとなりました。

　このたび最新版を刊行するにあたっていちばん重視したことは,最新の入試問題を分析し尽くすことです。過去5年分の全国の都道府県立高校の入試問題と,難関私立・国立高校の入試問題をテキスト化した膨大な語数のコーパス(データベース)を作成し,長文問題からリスニングテストのスクリプト(台本)にいたるまで徹底分析し,その結果にもとづいた最新のランク順に熟語を配列しました。

　また,モバイル学習に便利な,無料のダウンロード音声や,クイズ形式で手軽に熟語を確認できる無料のアプリを提供しています。本書が高校受験の力強いパートナーとなり,志望校合格の手助けになることを心より願っています。

　　　　　　　　　　　　　　　　　学研教育出版

CONTENTS

高校入試ランク順　中学英熟語430

この本の特長と使い方　　　　　　　　　　　　4
この本の表記と記号　　　　　　　　　　　　　8
無料アプリについて　　　　　　　　　　　　　9
無料音声について　　　　　　　　　　　　　　10

基本レベル
♛ 高校入試ランク1位〜96位　　　　　　　　11

標準レベル
♛ 97位〜221位　　　　　　　　　　　　　　59

高得点レベル
♛ 222位〜334位　　　　　　　　　　　　　111

超ハイレベル
♛ 335位〜430位　　　　　　　　　　　　　151

さくいん　　　　　　　　　　　　　　　　　185

この本の特長と使い方

最新コーパスから熟語をランク付け

　最新の入試問題のコーパス分析の結果，最近の傾向としては，長文読解の比率が高くなり，文中で適切な語を選択する問題や，正しい活用を問う問題が増えたことがわかりました。そのため，熟語の意味をただ暗記するのではなく，熟語の構造を理解し，使いこなす力が求められるようになってきています。

●ランクが上がった熟語の例

look for 〜	need to 〜
Can you 〜?	as tall as 〜
more than 〜	many kinds of 〜

"as 〜 as ..." と暗記するのはやめよう！

　本書の見出し語では，熟語の構造を理解して覚えられるよう，as 〜 as ...（…と同じくらい〜）という表記の仕方はせず，as tall as 〜（〜と同じくらい高い）という表記をしています。うすいグレーで表記された単語は，ほかの単語に置き換えられることを表しています。これにより，見出し語を覚えるだけで，as と as の間には形容詞が入ることをいっしょに覚えることができ，as small as 〜（〜と同じくらい小さい），as rich as 〜（〜と同じくらい裕福な）などと自分で応用して使えるようになります。

目標に応じたレベル別構成

　この本は、入試に出るランクの高い順に4つのレベルに分けて、章を構成しています。

目標	1 基本レベル	2 標準レベル	3 高得点レベル	4 超ハイレベル
標準	必修	必修	得点アップ	
進学校	必修	必修	必修	
難関国私立	必修	必修	必修	得点アップ

　本書の「基本レベル」と「標準レベル」の2つの章は、めざす高校にかかわらず、すべての人が必ず学習すべき部分です。

●進学校をめざす人

「高得点レベル」の熟語まで必ず学習してください。

　本書の「高得点レベル」までで、都道府県立などの公立高校の入試に出る熟語のほとんどをカバーしています。

　私立高校の入試では、学校によって「超ハイレベル」からも多少出題される可能性がありますので、余裕があれば「超ハイレベル」の熟語もチェックしておきましょう。

●難関有名私立・国立校をめざす人

　難関とされる有名私立・国立校（中学校の教科書で学習する内容を超えた発展的な内容の問題が多く出されるような高校）を受験する場合は、「超ハイレベル」の熟語まで学習しましょう。

基本構成

覚えやすい！
厳選された訳語

覚えておくべきもっとも重要な訳語を厳選し，暗記しやすくしました。

1見開き1音声ファイル

無料のダウンロード音声のファイルナンバーを表示しています。聞きたい熟語がすぐに探せるように，1見開き1ファイルになっています。

加点に役立つ解説

間違えやすいポイントや，熟語を覚えるためのヒントを解説しています。特に重要な解説は黄色のふきだしになっています。

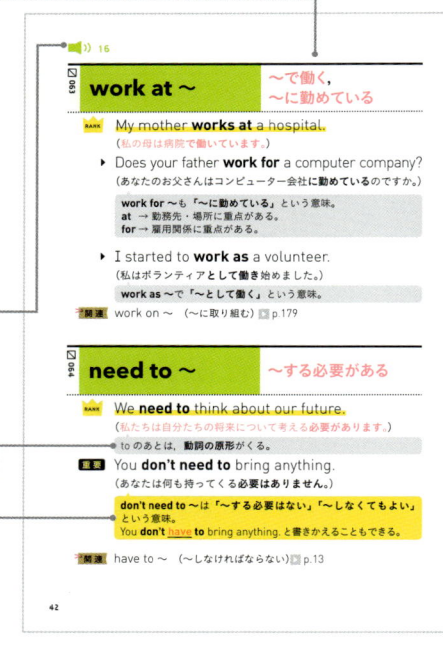

熟語の構造がわかる見出し語表記

見出し語は熟語の構造がわかる形にしました。例えば as 〜 as ... (…と同じくらい〜) はよく出る tall を使って as tall as 〜 (〜と同じくらい高い) と表記しています。

出るランクA 👑👑👑👑👑 **63位〜66位**

065 **as tall as 〜**　　〜と同じくらい高い

RANK Nancy is **as tall as** Mary.
（ナンシーはメアリーと同じくらいの背の高さです。）

▶ I can run **as fast as** my brother.
（私は兄と同じくらい速く走れます。）

as と as の間には，形容詞・副詞の原級（もとの形）が入る。

類題 This shirt is **three times as big as** that one.
（このシャツはあのシャツの 3 倍の大きさです。）

A **times as big as 〜** で，「〜の A 倍の大きさ」という意味。
「2 倍」のときは，**twice as big as 〜** を使う。

関連 not as hot as 〜 （〜ほど暑くはない）▶ p.128

066 **a few 〜**　　少しの〜，2, 3の〜

RANK **A few** days later, we went to the zoo.
（2, 3日後，私たちは動物園へ行きました。）

▶ I read **a few books** about the stars.
（私は星についての本を数冊読みました。）

あとには，数えられる名詞の複数形がくる。

▶ **Few people** think the story is true.
（その話が本当だと思っている人はほとんどいません。）

a がつかない few のみだと
「ほとんど〜ない」という意味。

関連 a little （少し，少しの）▶ p.32

使い方がよくわかる RANK例文

高校入試で出やすい意味や語法を取り上げて作られた「RANK 例文」です。訳文は赤フィルターでチェックできます。時間のない人は，RANK 例文だけを確認するのもよいでしょう。

関連づけて効率学習

関連のコーナーでは，たくさんの熟語を数珠つなぎ的に覚えられるよう，同じ意味や似た意味の熟語，反対の意味の熟語などを紹介しています。参照ページも表示しているので，関連のある熟語と比較しながら学習することができます。

👑 この本の表記と記号

熟語の表記

　本書では，見出しの部分の熟語では，one'sや 〜'sなどを使わず，具体的な代名詞で代表させて表記しています。また，具体的な形容詞や動詞を入れた方が覚えやすいものに関しても，入試に出やすい語を入れています。このようなほかの語に置き換えられる語は，うすいグレーで示しています。

　例えば，want you to 〜（あなたに〜してもらいたい）のように表記されている場合，うすいグレーになっているyouの部分は，her, himなどに置き換えられることを表しています。

　また，as tall as 〜（〜と同じくらい高い）のように表記されている場合，うすいグレーになっているtallの部分は，small, rich, heavy などに置き換えられることを表しています。

略号

名…名詞　　　動…動詞　　　助…助動詞
形…形容詞　　副…副詞　　　前…前置詞　　　接…接続詞

かっこの種類

(　)…省略できる部分を表します（例文の訳中では〈　〉で表しています）。

[　]…直前の語(句)が，かっこ内の語(句)に言い換えられることを表します。

iPhone，Android 両対応
無料アプリについて

　本書に掲載されている 430 の熟語すべてをクイズ形式で確認できる無料アプリをご利用いただけます。習慣的に学習することで，効率よく，確実に熟語が覚えられるようになります。移動時間や放課後のスキマ時間にご活用ください。

ご利用方法

① 下記の URL にアクセスしてください。

http://gakken-ep.jp/extra/rankjun

QR コードはこちら→

② 本書のアプリを選んでダウンロードしてください。

本の内容を復習できてとても便利だよ。

[注意事項]

iPhoneの方はApple ID，Androidの方はGoogleアカウントが必要です。また，対応OSや対応機種については，各ストアでご確認ください。
お客様のネット環境および携帯端末により，アプリをご利用になれない場合，当社は責任を負いかねます。ご理解，ご了承いただきますよう，お願いいたします。

MP3形式 無料音声について

　本書に掲載されている430の熟語すべてと例文の音声をパソコンから無料でダウンロードできます。本書の中で1つの熟語に対し例文を複数示している場合，高校入試で使われやすい用例1つを採用しています。

● 収録の例

want to ～ ← 熟語

～したい ← 熟語の意味

What do you want to be in the future? ← 例文

ご利用方法

① パソコンから下記のURLへアクセスしてください。

http://hon.gakken.jp/download/rankjun

② 本書の音声を選択して，音声ファイルをダウンロードしてください。

※ダウンロードできるのは，圧縮されたMP3形式の音声ファイルです。再生するには，ファイルを解凍するソフトと，iTunesやWindows Media Playerなどの再生ソフトが必要です。

お客様のパソコン環境により，音声をダウンロード・再生できない場合，当社は責任を負いかねます。ご理解，ご了承いただきますよう，お願いいたします。

CHAPTER

1

基本レベル

高校入試ランク 1位〜96位

この章に収録されているのは，高校入試で数多く出ている基本熟語です。リスニングや長文読解，英作文など，さまざまなジャンルの問題で頻出する熟語ばかりですので，もれなく確実にマスターしましょう。

Shall we start?
（始めましょうか。）

001 want to 〜　〜したい

RANK What do you **want to** be in the future?
（あなたは将来，何になりたいですか。）

> **want to be 〜**で「〜になりたい」という意味になる。

重要 He **wants to know** more about it.
（彼はそれについてもっと知りたがっています。）

> 3人称単数・現在の文でも，過去の文でも，**to のあとは動詞の原形**。

▶ I **want you to** help me.
（私は**あなたに**手伝って**ほしい**です。）

> want と to の間に you などの「人」を表す語が入り，**want 人 to 〜**の形になると，「(人)に〜してほしい」という意味になる。▶ p.37

関連 I'd like to 〜. / I would like to 〜. （〜したいのですが。）
▶ p.35

002 a lot of 〜　たくさんの〜

RANK I learned **a lot of** things from him.
（私は彼から**たくさんの**ことを学びました。）

> a lot of に続く数えられる名詞は，**複数形にする**。

重要 I have **a lot of** homework today.
（私は今日，**宿題がたくさん**あります。）

> 数えられる名詞だけではなく，**数えられない名詞にも使える**。

関連 a lot （たくさん，とても）▶ p.24
lots of 〜 （たくさんの〜）▶ p.146

出るランクA 👑👑👑👑👑 　👑 **1位～4位**

003 be going to ～　　～するつもりだ

RANK He **is going to** visit his grandfather tomorrow.
（彼は明日，祖父を訪ねるつもりです。）

> **未来**のことを表すときに使う。be動詞は主語に合わせて使い分ける。
> 主語が I 　　　　　　→ I **am** going to ～.
> 主語が you や複数 → You **are** going to ～.
> 主語が 3 人称単数 → He **is** going to ～.

このまま **What are you going to do next Sunday?**
（あなたは次の日曜日は何をするつもりですか。）

難関 We **were going to** meet Ms. Smith.
（私たちはスミス先生に会う**つもりでした**。）

> 「～するつもりだった（が，しなかった）」という意味。

関連 will （助 ～するだろう）

004 have to ～　　～しなければならない

RANK I **have to** go home early.
（私は家に早く帰ら**なければなりません**。）

> to のあとは**動詞の原形**がくる。

重要 He **has to** study English harder.
（彼はもっと熱心に英語を勉強し**なければなりません**。）

> 主語が 3 人称単数→ **has** to ～
> 過去のとき　　　　→ **had** to ～

関連 don't have to ～ （～する必要はない） ▶p.70

005 look at ～　　〜を見る

RANK What are you **looking at**?
（あなたは何を見ているのですか。）

> look at 〜 と see の違いも押さえておこう。
> look at 〜 →「見ようと思って目を向ける」というときに使う。
> see →「自然に目に入る」というときに使う。

　look at　　　see　

▶ **Look at** this picture.
（この写真を見て。）

関連 look for 〜　（〜を探す）▶ p.31
look like 〜　（〜のように見える，〜に似ている）▶ p.68

---

006 I think that 〜.　　私は〜だと思う。

RANK **I think that** we should learn foreign cultures.
（私たちは外国の文化を学ぶべきだと思います。）

> that のあとには，〈主語＋動詞 〜〉の文の形が続く。
> この that は接続詞で，**省略されることもある**。

I think I can't do that. とはふつういわないよ。

▶ **I don't think** I can do that.
（私は自分にはそれはできないと思います。）

難関 **I thought** he **was** wrong.
（彼は間違っていると私は思いました。）

> I thought と過去形で使われるとき，あとに続く動詞もふつう**過去形**にする。

出るランクA 👑 👑 👑 👑 👑　　👑 **5位~8位**

007 like to play / like playing　演奏することが好きだ

RANK I **like to play** the piano with my sister.
（私は姉といっしょにピアノを演奏するのが好きです。）

▶ Judy **likes visiting** art museums.
（ジュディーは美術館を訪れることが好きです。）

> like のあとに動詞の ing 形がきても，「~することが好きだ」という意味になる。

▶ I **love to play** tennis.
I **love playing** tennis.
（私はテニスをするのが大好きです。）

> **love to ~**，**love ~ing** は，「~することが大好きだ」という意味。

008 come to ~　~に来る

RANK Mr. Baker will **come to** Japan next month.
（ベイカー先生は来月，日本に来るでしょう。）

> to のあとには，場所を表す語句がくる。

▶ **Come to think of it**, I've been there once.
（考えてみると，私はそこへ 1 度行ったことがあります。）

> 〈come to ＋動詞〉で「~するようになる」という意味を表す。
> **come to think of it** で，「考えてみると，そういえば」という意味。

関連 come and see　（会いに来る）▶ p.73
go and see　（見に行く）▶ p.103

009 enjoy swimming　泳ぐのを楽しむ

RANK I **enjoy swimming** on the weekends.
（私は週末に泳ぐのを楽しみます。）

enjoy に続く動詞は，**ing** 形にする。×enjoy <u>to swim</u> は間違い。

このまま I **enjoyed talking** with you.
（あなたとお話しできて楽しかったです。）

会話が終わって相手と別れるときのあいさつとしても使われる。

関連 stop watching （見ることをやめる） ▶ p.46
finish writing （書き終える） ▶ p.67

010 How about ～?　～はどうですか。

RANK **How about** this sweater?
（こちらのセーターはどうですか。）

提案するときの表現。店員が客に商品をすすめる場面でよく使われる。

このまま **How about** you?
（あなたはどうですか。）

相手に**意見や感想**をたずねるときに使われる。

重要 **How about going** to the new shop?
（新しくできた店に行くのはどうですか。）

何かをしようと**誘う**ときにも使われる。
about のあとに動詞が続くときは，**ing** 形にする。

関連 Shall we ～? （～しましょうか。） ▶ p.47
Would you like ～? （～はいかがですか。） ▶ p.66

出るランクA 👑 👑 👑 👑 👑 　👑 **9位〜12位**

011 talk about 〜　　〜について話す

I'm going to talk about my family.
（私は自分の家族について話すつもりです。）

▶ What are they **talking about**?
（彼らは何について話しているのですか。）

話題になっていることは何かをたずねるときに使う。

▶ I **talked about** many things with my friends.
（私は友達といろいろなことについて話しました。）

関連 talk with 〜 （〜と話をする，〜と話し合う）▶ p.21
talk to 〜 （〜と話をする，〜に話しかける）▶ p.40

010 one of 〜　　〜のうちの1つ

One of my friends lives in Kyoto.
（私の友達の1人は京都に住んでいます。）

いくつかあるうちの1つを表すので，あとに続く名詞は friend**s** のように**複数形**にする。
また，one of my friends（私の友達の1人）までが主語なので，動詞は live**s** のように3人称単数・現在形にする。

重要 Soccer is **one of the most popular sports** in Japan.
（サッカーは日本で**最も人気のあるスポーツのうちの1つ**です。）

最上級といっしょに使われることも多い。

関連 some of 〜 （〜のいくつか，〜のいくらか）▶ p.35
all of 〜 （〜の全員，〜の全部）▶ p.53
most of 〜 （〜のほとんど，〜の大部分）▶ p.100

基本レベル

標準レベル

高得点レベル

超ハイレベル

013 every day　毎日

I walk to school **every day**.
（私は毎日歩いて学校へ行きます。）

▶ I **practiced** soccer hard **every day**.
（私は毎日サッカーを一生懸命練習しました。）

現在の文だけではなく，過去の文でも使われる。

> 1語の形 everyday は，「毎日の」という意味。
> 例）everyday life
> （日常生活）

関連 every year （毎年）　every morning （毎朝）
every week （毎週）　every Friday （毎週金曜日）

014 be interested in ～　～に興味がある

Sarah **is interested in** Japanese culture.
（サラは日本の文化に興味があります。）

be動詞は，主語と現在・過去によって，am，are，is，was，were を使い分ける。

重要 I'm **interested in studying** abroad.
（私は外国で勉強することに興味があります。）

in のあとに動詞が続くときは，ing形にする。

▶ How did you **become interested in** Asian culture?
（どのようにしてアジア文化に興味をもつようになったのですか。）

▶ Thanks to my brother, I **got interested in** science.
（兄のおかげで，私は科学に興味をもつようになりました。）

be動詞ではなく，become や get が使われることもある。
「～に興味をもつ（ようになる）」という意味。

出るランクA 👑👑👑👑👑　👑 13位〜17位

015 I see.　わかった。, なるほど。

RANK Hold your chopsticks like this. — **I see.**
(おはしは，こうやって持ってね。— わかった。)

> 「わかった。」というあいづちのときはいつでも **I see.** の形で使い，× I saw. とはいわない。

関連 I got it. (わかった。, 了解。)
I know. (そうだね。, わかってるよ。)
I understand. (わかりました。)

016 live in ~　~に住む

RANK How long have you **lived in** Japan?
(あなたはどのくらい日本に住んでいますか。)

▶ My uncle **lives in** a small town.
(私のおじは小さな町に住んでいます。)

017 start to learn / start learning　学習し始める

RANK When do you **start to learn** English in Japan?
(日本ではいつ英語を学習し始めるのですか。)

▶ Judy **started thinking** about her future.
(ジュディーは彼女の将来について考え始めました。)

> start のあとに動詞の ing 形がきても，「~し始める」という意味になる。

基本レベル

標準レベル

高得点レベル

超ハイレベル

018 try to 〜　〜しようとする

RANK We should **try to** understand each other.
(私たちはお互いに理解**しようとする**べきです。)

to のあとには，動詞の原形が続く。

緊張しちゃってできなかった。

▶ I **tried to** do my best.
(私は全力をつくそうとしました。)

tried to 〜は，「〜しようとした（けどだめだった）」というときに使う。

▶ He **tried cooking** Japanese food.
(彼は日本食を作ってみました。)

try 〜ing は，「(ためしに)〜してみる」という意味になる。
try to 〜と意味を区別して覚えておこう。

019 think about 〜　〜のことを考える

RANK What do you **think about** her idea?
(彼女のアイディアをどう思いますか。)

ふつう，×How do you think about 〜? とはいわない。

▶ Rina started to **think about going** abroad.
(里奈は海外へ行くことを考え始めました。)

about に動詞が続くときは，**ing** 形にする。

 Can you **think of** another question?
(あなたは別の質問を思いつきますか。)

think of 〜は「〜を思いつく」という意味で使われる。

020 how to ~ 〜のしかた

RANK I'm learning **how to** cook.
(私は料理のしかたを習っています。)

> to のあとは, 動詞の原形が続く。

このまま Could you tell me **how to** get to the station?
(駅への行き方を教えていただけますか。)

道をたずねるときの表現。道案内の場面でよく使われる。

▶ Do you know **how to make** *takoyaki*?
(あなたはたこ焼きの作り方を知っていますか。)

> 上の例文は, **Can** you make *takoyaki*?(あなたはたこ焼きが作れますか。)と書きかえることもできる。

関連 what to do （何をしたらよいか） ▶ p.60
the way to ～ （～へ行く道, ～する方法） ▶ p.73

021 talk with ～ 〜と話をする, 〜と話し合う

RANK I had a chance to **talk with** Mr. Smith.
(私はスミス先生と話をする機会がありました。)

重要 I **talked with** my family **about** many things.
(私はいろいろなことについて家族と話し合いました。)

> 「～について」と話の内容をいうときには, **about** を使う。

関連 talk about ～ （～について話す） ▶ p.17
talk to ～
（～と話をする, ～に話しかける） ▶ p.40

06

022 **It is** important **to ~.** ～することは大切だ。

RANK **It is important to** help each other.
(お互いに助け合うことは大切です。)

> to のあとには**動詞の原形**が続く。
> この文の It は to help each other を指す。

重要 **It was difficult for me to** answer that question.
(その質問に答えることは私にとって難しかった。)

> 〈for ＋人〉は、to ～の動作をする人を表す。

▶ **Is it fun to** play soccer?
(サッカーをすることは楽しいですか。)

> It is ... to ～. の文でよく使われる形容詞
> **important**（重要な、大切な） **difficult**（難しい）
> **interesting**（興味深い） **easy**（簡単な）

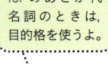
for のあとが代名詞のときは、目的格を使うよ。

023 **listen to ～** ～を聞く

RANK I like to **listen to** music.
(私は音楽を聞くことが好きです。)

> 何かを「注意してよく聞く」というときに使う。

▶ I tried to stop her, but she didn't **listen to me**.
(私は彼女を止めようとしましたが、彼女は私の言うことを聞きませんでした。)

> to のあとに「人」を表す語が続くと、「(人)の言うことに耳を傾ける、(人)の言うことを聞く」という意味になる。

関連 hear （**動** ～を聞く、～が聞こえる）

出るランクA ♛22位〜25位

024 Can I 〜?　〜してもいいですか。

RANK Can I use your bike?
（あなたの自転車を使ってもいいですか。）
May I 〜? よりもくだけた言い方。

Sure.(いいですよ。)、Go ahead.(どうぞ。)などと応じるよ。

重要 Can I have a hamburger?
（ハンバーガーをいただけますか。）
「〜をいただけますか」「〜をください」という意味で、注文するときによく使われる。

重要 Can I take a message?
（[電話で]伝言を預かりましょうか。）
「〜しましょうか」と、申し出るときにも使われる。

関連 May I 〜?　（〜してもいいですか。）▶ p.27
What can I do for you?
（[店で]何かお探しですか。何をしましょうか。）

025 I hope that 〜.　〜だといいと思う。

RANK I hope that you'll have a good time here.
（あなたがここで楽しい時を過ごせるといいと思います。）
望ましいことについて「〜と望む」というときに使う。that のあとは〈主語＋動詞 〜〉の形がくる。この that は接続詞で、省略されることもある。

このまま I hope you like it.
（気に入ってもらえるといいのですが。）

関連 I'm afraid that 〜.（〈残念ながら〉〜ではないかと思う。）▶ p.99

026 **for example** 例えば

In some Asian countries, **for example**, Korea and China, many people use chopsticks.
（いくつかのアジアの国，**例えば**，韓国や中国では多くの人がおはしを使っています。）

直前に述べたことの**具体的な例**を挙げるときに使う。

▶ I learned many things from my grandmother. **For example**, she taught me how to make paper cranes.
（私は祖母から多くのことを学びました。**例えば**，彼女は私に折り鶴の作り方を教えてくれました。）

for example は文の最初にくることもある。

関連 such as 〜 （〈例えば〉〜のような） ▶ p.118
for instance （例えば）

027 **a lot** たくさん，とても

My brother knows **a lot** about animals.
（私の兄は動物のことを**たくさん**知っています。）

「たくさんのこと」「たくさんのもの」という意味。

このまま **Thanks a lot.**
（どうもありがとう。）

重要 They helped me **a lot**.
（彼らは私を**ずいぶん**助けてくれました。）

「**ずいぶん，よく**」という意味もある。

関連 a lot of 〜 （たくさんの〜） ▶ p.12

出るランクA 👑👑👑👑👑 👑 26位〜29位

028 learn about 〜　　〜について学ぶ

RANK It's important to **learn about** foreign cultures.
（外国の文化について学ぶことは大切です。）

▶ We must **learn more about** global warming.
（私たちは地球温暖化についてもっと学ばなければなりません。）

learn <u>more</u> about 〜 →「〜についてもっと学ぶ」
learn <u>a lot</u> about 〜 →「〜についてたくさん学ぶ」

関連 learn to 〜　（〜するようになる）▶ p.130

029 in the morning　　朝に，午前中に

RANK You must get up early **in the morning**.
（あなたは朝早く起きなければなりません。）

early in the morning で「朝早くに」という意味。

▶ There are four classes **in the morning**.
（午前中には授業が4つあります。）

難関 What do you do **on the morning of January 1** every year?
（1月1日の朝には毎年何をしますか。）

おせちを食べて、おぞうにを食べて、それから…

×in the morning of January 1 とはふつういわない。特定の日の「朝に，午前中に」というときには，on を使う。

関連 in the afternoon　（午後に）
in the evening　（夕方に，晩に）

one day ある日

One day in May, I went camping with my family.
(5月の**ある日**，私は家族とキャンプへ行きました。)

この one は，**「ある〜」**という意味。

One day, she will be a famous singer.
(**いつか**，彼女は有名な歌手になるでしょう。)

過去の文では→**「ある日」**という意味。
未来の文では→**「いつか」**という意味。

関連 some day （〈未来の〉いつか） p.95
one morning （ある朝）

of course もちろん

Can I use your bike?
— Yes, **of course**.
(あなたの自転車を使ってもいいですか。— ええ，**もちろん**です。)

Of course, I'll join the party.
(**もちろん**，私はパーティーに参加します。)

「もちろん，当然」という意味で，文全体を修飾することもある。

▶ You didn't break this glass, did you?
— **Of course not**.
(あなたはこのガラスを割ってないですよね。
— **もちろん，割っていません。**)

Of course not. は**「もちろん（〜ではない）。」**という意味。

関連 Sure. （いいですよ。）

出るランクA 👑 👑 👑 👑 👑 　👑 **30位～33位**

02 at home　　　家で

RANK I study English **at home** every day.
(私は毎日，家で英語を勉強します。)

重要 Judy will **be at home** this afternoon.
(ジュディーは今日の午後は**家にいる**でしょう。)
> be at home, stay at home で「家にいる」という意味。

難関 Please **make yourself at home**.
(どうぞ**おくつろぎ**ください。)
> make ～self at home, feel at home で「くつろぐ」という意味。

03 May I ～?　　　～してもいいですか。

RANK **May I** ask you a question?
(質問してもいいですか。)
Can I ～? よりもていねいな言い方。

「いいですよ。」と応じるときは，Sure. や Certainly. などを使うよ。

このまま **May I help you?**
(何かお探しですか。)
店員が客に声をかけるときに使う決まった言い方。 ▶p.78

このまま **May I speak to Tom, please?**
([電話で]トムをお願いします。)
電話で相手を呼び出してもらうときに使う決まった言い方。
▶p.80

関連 Can I ～? (～してもいいですか。) ▶p.23

What time ～? 何時に～

What time does Sarah usually come home?
— At about six.
(サラはふだん**何時に**帰宅しますか。— 6 時ごろです。)

時刻をたずねるときに使う。
「～時(…分)に」のように，時刻を答えるときには，**at** ～を使う。

このまま **What time is it?**
— **It's** ten twenty.
(**何時ですか**。— 10 時 20 分です。)

現在の時刻をたずねる表現。**It's** ～と答える。

stay at ～ / stay in ～ ～に滞在する

Mr. Brown **stayed in** Japan for three months.
(ブラウンさんは 3 か月間，日本に**滞在しました**。)

▶ How long did you **stay at** Lisa's house?
(あなたはどれくらいリサの家に**滞在しました**か。)

あとにくる場所によって，at と in を使い分ける。
at → ふつう，だれかの家やホテルなど，比較的**狭い地点**がくる。
in → ふつう，国や都市など，比較的**広い範囲**を表す場所がくる。

▶ Bob had a cold and had to **stay in bed**.
(ボブはかぜをひいていたので，寝ていなければなりませんでした。)
stay in bed で「ベッドにいる，寝ている」という意味。

関連 stay with ～ (～の家に泊まる) ▶ p.74

出るランクA 👑 👑 👑 👑 👑　👑 **34位～37位**

036 begin to study / begin studying　勉強し始める

RANK They **began to study** about the moon.
(彼らは月について勉強し始めました。)

▶ Bob **began running** toward his house.
(ボブは家に向かって走り始めました。)

あとに動詞の ing 形がきても、**「～し始める」**という意味になる。

関連 start to learn / start learning　(学習し始める) ▶ p.19
begin with ～　(～から始める) ▶ p.158

037 get up　起きる

RANK I usually **get up** at six.
(私はふだん 6 時に起きます。)

get up →横になっている状態から**起き上がる動作**を表す。
wake up → 「目を覚ます」ことを表す。

このまま What time do you get up every day?
— I get up at five.
(あなたは毎日何時に起きますか。— 私は 5 時に起きます。)

関連 go to bed　(寝る, ベッドに入る) ▶ p.48
wake up　(目を覚ます) ▶ p.126

◀)) 10

038 have a good time 楽しい時を過ごす

RANK Did you **have a good time** there?
(あなたはそこで**楽しい時を過ごし**ましたか。)

have a 〜 time で「〜な時を過ごす」という意味。

重要 We **had a great time** in America.
(私たちはアメリカで**すばらしい時を過ごし**ました。)

good のほか，great, very good, wonderful などを使うこともある。どれも「すばらしい，すてきな」という意味。

関連 have a hard time （つらい目にあう，苦労する） ▶ p.131

039 be happy to 〜 〜してうれしい

RANK We **are happy to** see Lisa.
(私たちはリサに会え**てうれしい**です。)

to のあとは**動詞の原形**が続く。be 動詞は主語と現在か過去かによって使い分ける。

このまま I'm **happy to** hear that.
(私はそれを聞い**てうれしい**です。)

▶ I **feel happy to know** that.
(私はそのこと**を知ってうれしく**思います。)

be 動詞の代わりに **feel** を使うこともある。

関連 be glad to 〜 （〜してうれしい） ▶ p.51

look for 〜 〜を探す

They needed to **look for** food.
(彼らは食べ物を探す必要がありました。)

- I'm **looking for** a white shirt.
  (私は白いシャツを探しています。)
- I'm **looking for** the station.
  (私は駅を探しています。)

> I'm looking for 〜.(私は〜を探しているのですが。)は，買い物の場面や道をたずねる場面でも使われる。

How long 〜? どのくらい〜

How long are you going to stay here?
— For a week.
(あなたはどのくらいここに滞在する予定ですか。
— 1週間です。)

> 「どのくらいの期間」「どのくらいの時間」という意味で，期間や時間をたずねるときに使う。

重要 **How long** have you **been** in Japan?
(あなたはどのくらい日本にいるのですか。)

> 現在完了形の文といっしょに使われることも多い。

重要 **How long** is this bridge?
(この橋はどのくらいの長さですか。)

> 物の長さをたずねるときにも使われる。

040 after school　放課後

RANK I practice soccer **after school**.
(私は**放課後**，サッカーを練習します。)

×after the school とするのは間違い。

→関連　after class　（授業のあとで）
after dinner　（夕食後）
after lunch　（昼食後）

043 a little　少し，少しの

RANK I can play the guitar **a little**.
(私はギターを**少し**弾くことができます。)

程度を表して，**「少し」**という意味。

▶ Chris had **a little money**.
(クリスは**お金を少し**持っていました。)

量が少ないことを表して，**「少しの」**という意味。
数えられない名詞といっしょに使われる。

▶ I speak **a little** Spanish.
(私はスペイン語を**少し**話します。)

I speak Spanish **a little**. と言いかえることもできる。

重要　We had **little snow** last winter.
(この前の冬は**ほとんど**雪が降り**ません**でした。)

a がつかない little は **「ほとんど〜ない」**という意味。

→関連　a few 〜　（少しの〜，2，3の〜）▶ p.43

出るランクA　♛♛♛♛♛　♛42位〜45位

044

Can you 〜?　〜してくれますか。

RANK **Can you** tell me about the book**?**
（その本について私に教えて**くれますか**。）

相手に**依頼する**ときの言い方。友達同士など，気軽にお願いするときに使われる。

このまま **Can you** help me?
（手伝って**くれますか**。）

ていねいに頼むときには，Can の代わりに Would, Could を使う。

関連　Will you 〜?　（〜してくれますか。）▶ p.38
　　　Could you 〜?　（〜していただけますか。）▶ p.53
　　　Would you 〜?　（〜していただけますか。）▶ p.100

045

How many 〜?　いくつの〜

RANK **How many** eggs do you need**?**
（あなたは**いくつの**卵が必要ですか。）

「**いくつ?**」と数をたずねるときに使う。How many のあとには，**数えられる名詞の複数形**がくる。

▶ **How many** people were there at the party**?**
（パーティーには**何人の人**がいましたか。）

物だけではなく，**人数**をたずねるときにも使う。
people は，複数扱いの名詞。

関連　How much 〜?　（〜はいくら）▶ p.57

046 more than ~ 〜以上, 〜よりもっと

RANK Our school had **more than** 300 students last year.
(私たちの学校は昨年, 300人以上の生徒がいました。)

> more than のあとには,「数」がくることが多い。more than 300 は, 厳密には300を含まないので,「301人以上」ということになる。

難関 She is **more than just a singer**.
(彼女は単なる歌手以上の人物です。)

> more than just 〜で,「単なる〜以上の人[物]」という意味。

047 in the future 将来は

RANK What do you want to do **in the future**?
(あなたは将来何をしたいですか。)

▶ I want to be a doctor **in the future**.
(私は将来, 医師になりたいです。)

048 at school 学校で

RANK I'm learning English **at school**.
(私は学校で英語を学んでいます。)

▶ I play soccer when I'm not **at school**.
(学校がないときは, 私はサッカーをします。)

出るランクA 👑👑👑👑 ♛ **46位〜50位**

049 I'd like to 〜. = I would like to 〜.　〜したいのですが。

RANK **I'd like to** go there with you.
（私はあなたとそこへ行き**たいのですが**。）

> I'd は I would の短縮形。I want to 〜. のていねいな言い方。

▶ **I would like to** talk about my favorite movie.
（私の大好きな映画についてお話し**したいと思います**。）

難関 **I'd like you to** meet my family.
（あなたに私の家族と会ってほしいのですが。）

> 〈I'd like 人 to 〜.〉で「（人）に〜してほしいのですが」という意味。

関連 I'd love to 〜.　（ぜひ〜したい。）
want to 〜　（〜したい）▶ p.12

050 some of 〜　〜のいくつか，〜のいくらか

RANK I couldn't answer **some of** the questions.
（私は質問の**いくつか**に答えられませんでした。）

> あとに数えられる名詞がくるときは，**複数形**を使う。

▶ **Some of** my friends like soccer.
（私の友達**の中には**サッカーが好きな人**もいます**。）

> 「〜の中には…もいる[ある]」という意味でも使われる。

▶ **Some of our money was** sent to Africa.
（私たちのお金**のいくらか**はアフリカへ送られました。）

> あとには**数えられない名詞**もくる。この場合，単数扱いとなり，動詞は was などになることに注意。

基本レベル / 標準レベル / 高得点レベル / 超ハイレベル

051 I hear that ~. ～だそうだ。

I hear that Ken's sister lives in London.
(健のお姉さんはロンドンに住んでいるそうです。)

人から聞いた情報を伝えるときに使う。
この that は接続詞で，**省略**されることもある。

052 a member of ~ ～の一員

I'm **a member of** the soccer team.
(私はサッカー部の一員です。)

次のように言いかえることもできる。
I'm **on** the soccer team. (私はサッカー部に入っています。)
I **belong** **to** the soccer team. (私はサッカー部に所属しています。)

▶ Are you **a member of the English club**?
(あなたは英語部の一員ですか。)

club と team は，ふつう次のように使い分ける。
文化系の部活→ **club** を使う。
競技系の部活→ **team** を使う。

けん玉部は club かな。

▶ **They** are **members of** a volunteer group.
(彼らはボランティアグループのメンバーです。)

主語が複数のときは，member**s** とする。

出るランクA 👑👑👑👑 👑51位〜54位

053 want you to 〜 あなたに〜してもらいたい

RANK I **want you to** come with me.
(私はあなたにいっしょに来てもらいたいです。)

want のあとには「人」，to のあとには動詞の原形がくる。

重要 **Do you want me to** carry this bag?
(このかばんを運びましょうか。)

Do you want me to 〜? は，「(私が)〜しましょうか」と申し出るときに使われる。

難関 **I'd like you to** make a speech.
(私はあなたにスピーチをしてもらいたいのですが。)

I'd[I would] like you to 〜. は，I want you to 〜. のていねいな言い方。

関連 ask him to 〜 （彼に〜するように頼む） ▶ p.71
tell me to 〜 （私に〜するように言う） ▶ p.81

054 Thank you for 〜. 〜をありがとう。

RANK **Thank you for** your e-mail.
(メールをありがとう。)

あとに続く語句には，**your help**（助け），**your advice**（アドバイス），**everything**（いろいろ）などがある。

このまま **Thank you for** listening.
(聞いてくれてありがとう。→ご清聴ありがとうございました。)

for のあとに動詞がくるときは，ing 形にする。

基本レベル

標準レベル

高得点レベル

超ハイレベル

055 decide to 〜　　〜しようと決心する

RANK Mari **decided to** go abroad.
（真理は外国へ行こうと決心しました。）

> to のあとには**動詞の原形**がくる。
> ×decide to going abroad などとしないこと。

難関 ▶ We **decided not to** move to Tokyo.
（私たちは東京へは引っ越さ**ない**ことにしました。）

> decide **not** to 〜で「**〜しないことにする**」という意味になる。

---

056 Will you 〜?　　〜してくれますか。

RANK **Will you** tell me the way to the station**?**
（駅への道を教えてくれますか。）

> 相手に**依頼**するときに使われる。

▶ **Will you** go to the party**?**
（**あなたは**パーティーに行く**つもりですか。**）

> 「あなたは〜するつもりですか。」という意味の，**未来**の疑問文の場合もある。

> どちらの意味かは，前後関係から判断しよう。

関連　Can you 〜?　（〜してくれますか。）▶ p.33
　　　Could you 〜?　（〜していただけますか。）▶ p.53
　　　Would you 〜?　（〜していただけますか。）▶ p.100

出るランクA 👑👑👑👑 👑 **55位〜58位**

057 come back to 〜　〜へ帰ってくる，〜へ戻る

RANK When will he **come back to** Japan?
（彼はいつ日本へ帰ってくるのでしょうか。）

> 「家に帰る」というときは，**come back home** とする。
> ×come back to home とはいわない。

▶ My father **came back from** America yesterday.
（私の父は昨日，アメリカから帰ってきました。）

> 「〜から帰ってくる」というときは，**from** を使う。

関連 go back to 〜　（〜へ戻る，〜へ帰っていく）▶ p.49

058 go shopping　買い物に行く

RANK I'm going to **go shopping** with my mother next Sunday.
（私は次の日曜日に母と買い物に行く予定です。）

> go のあとに動詞の ing 形を続ける。×go to shopping とはいわない。

▶ We **went fishing** in the river.
（私たちは川へ釣りに行きました。）

▶ Let's **go swimming**.
（泳ぎに行きましょう。）

> ほかに次のような形でも使われる。
> **go skiing**（スキーに行く）
> **go camping**（キャンプに行く）
> **go cycling**（サイクリングに行く）

059 talk to 〜 　　〜と話をする，〜に話しかける

RANK I use English when I **talk to** Joe.
（私はジョーと話をするとき，英語を使います。）

このまま I'll **talk to** you later.
（また近いうちに話そうね。）
別れるときのあいさつとして使う。

「あとで電話するね。」という意味でも使うよ。

関連 talk with 〜（〜と話をする，〜と話し合う）▶ p.21
speak to 〜（〜に話しかける，〜と話す）▶ p.82

060 All right. 　　いいですよ。

RANK Can you open the door? — **All right.**
（ドアを開けてくれますか。— いいですよ。）

「わかりました。」「よろしい。」という意味で，依頼に応じるときの返事として使われる。

▶ You look tired. Are you **all right**?
（あなたは疲れているように見えます。大丈夫ですか。）

「大丈夫で」「元気な」という意味もある。

重要 I'm sorry I'm late. — **That's all right.**
（遅れてごめんなさい。— 構いませんよ。）

That's all right. は，「構いませんよ。」「問題ありませんよ。」という意味。I'm sorry.（ごめんなさい。）や Thank you.（ありがとう。）に応じるときに使われる。

関連 OK.（いいよ。）

出るランクA 👑👑👑👑 👑 59位〜62位

190 last year　　昨年

RANK My brother became a teacher **last year**.
（私の兄は**昨年**，教師になりました。）

> この last は**「この前の〜」「昨〜」**という意味。
> **過去の文**で使われる。

▶ **Last year**, Mike and I were in the same class.
（**昨年**マイクと私は同じクラスでした。）

> 文の最後だけでなく，文の最初におくこともできる。

重要 Did you watch TV **last night**?
（あなたは**昨夜**テレビを見ましたか。）

> last 〜を使った言い方を覚えておこう。
> **last night**（昨夜）　　**last week**（先週）
> **last month**（先月）　　**last Sunday**（この前の日曜日）
> **last summer**（この前の夏）

062 each other　　お互い

RANK We smiled at **each other**.
（私たちは**お互い**にほほえみ合いました。）

> ×smile each other としないように注意。at が必要。

このまま ▶ **We must help each other.**
（私たちは**お互い**に助け合わなければなりません。）

難関 ▶ People in this town know **one another** very well.
（この町の人たちは**お互い**をとてもよく知っています。）

> **one another** もほぼ同じ意味で使われる。

基本レベル / 標準レベル / 高得点レベル / 超ハイレベル

063 work at 〜　〜で働く，〜に勤めている

RANK My mother **works at** a hospital.
（私の母は病院で働いています。）

▶ Does your father **work for** a computer company?
（あなたのお父さんはコンピューター会社に勤めているのですか。）

> **work for** 〜も「〜に勤めている」という意味。
> **at** → 勤務先・場所に重点がある。
> **for** → 雇用関係に重点がある。

▶ I started to **work as** a volunteer.
（私はボランティアとして働き始めました。）

> **work as** 〜で「〜として働く」という意味。

関連 work on 〜　（〜に取り組む）▶ p.179

064 need to 〜　〜する必要がある

RANK We **need to** think about our future.
（私たちは自分たちの将来について考える必要があります。）

> to のあとは，動詞の原形がくる。

重要 You **don't need to** bring anything.
（あなたは何も持ってくる必要はありません。）

> **don't need to** 〜は「〜する必要はない」「〜しなくてもよい」という意味。
> You **don't have to** bring anything. と書きかえることもできる。

関連 have to 〜　（〜しなければならない）▶ p.13

065 as tall as 〜　〜と同じくらい高い

Nancy is **as tall as** Mary.
(ナンシーはメアリーと同じくらいの背の高さです。)

▶ I can run **as fast as** my brother.
(私は兄と同じくらい速く走れます。)

as と as の間には，形容詞・副詞の**原級(もとの形)**が入る。

【難関】▶ This shirt is **three times as big as** that one.
(このシャツはあのシャツの 3 倍の大きさです。)

A **times as big as** 〜で，「〜の A 倍の大きさ」という意味。
「2 倍」のときは，twice as big as 〜 を使う。

【関連】not as hot as 〜　(〜ほど暑くはない) ▶ p.128

066 a few 〜　少しの〜，2, 3の〜

A few days later, we went to the zoo.
(2, 3 日後，私たちは動物園へ行きました。)

▶ I read **a few books** about the stars.
(私は星についての**本を数冊**読みました。)

あとには，**数えられる名詞の複数形**がくる。

▶ **Few people** think the story is true.
(その話が本当だと思っている**人はほとんど
いません。**)

a がつかない few のみだと
「ほとんど〜ない」という意味。

【関連】a little　(少し，少しの) ▶ p.32

097 take care of ～   ～の世話をする

RANK I need to **take care of** my sister today.
(私は今日，妹の世話をする必要があります。)
care は，「世話，注意」という意味。

このまま Please **take care of** yourself.
(どうぞお体に気をつけてください。)

> I can take care of myself.(自分のことは自分でできるよ。)

take care of yourself で「体に気をつけて，お大事に」という意味になる。

このまま Take care.
(元気でね。)
Take care. は，別れるときのあいさつとして使われ，「気をつけてね。」「元気でね。」という意味になる。

関連 look after ～ （～の世話をする） ▶ p.171

---

098 for a long time   長い間

RANK Mr. Brown has lived in Japan **for a long time**.
(ブラウンさんは日本に長い間住んでいます。)
現在完了形(ずっと～している)の文でよく使われる。

このまま I haven't seen you **for a long time**.
(お久しぶりです。/ 長い間お会いしていませんでしたね。)
It's been a long time. も「久しぶりですね。」という意味を表す。

関連 for a short time （少しの間）

出るランクA 👑👑👑👑👑 👑 67位〜70位

069 go to school　学校へ行く

RANK I **go to school** with John every day.
（私は毎日，ジョンと学校へ行きます。）

×go to the school とはいわない。after school（放課後）も同様に，ふつう，a や the はつけない。

このまま **How do you go to school?**
— By bike.
（あなたはどうやって学校へ行きますか。— 自転車です。）

交通手段をたずねるときは，How を使う。答えるときは，〈**by ＋乗り物**〉を使う。「徒歩で」というときは，I walk to school. / I go to school on foot. と表す。

070 come from 〜　〜の出身である，〜に由来する

RANK My father **comes from** Sendai.
（私の父は仙台の出身です。）

「〜の出身である」という意味で使う場合，ふつう**現在形**で表す。

▶ Where do you **come from**?
— I **come from** Canada.
（あなたはどちらの出身ですか。— 私はカナダの出身です。）

出身地をたずねるときのやり取り。
come を使わずに，**I'm from Canada.** と答えてもよい。

▶ Her name **comes from** a famous person.
（彼女の名前は有名人に由来しています。）

「**〜に由来する**」という意味でも使われる。

🔊 18

071 in front of ~　　~の前に

RANK Ken is sitting **in front of** the door.
（健はドアの**前に**すわっています。）

▶ I made a speech **in front of** many people.
（私は大勢の人の**前で**スピーチをしました。）

関連 behind　（前 ~の後ろに）

072 many kinds of ~　　いろいろな種類の~

RANK You can see **many kinds of** animals there.
（あなたはそこで**いろいろな種類の**動物を見ることができます。）

この kind は，「種類」という意味の名詞。

関連 What kind of ~?　（どんな種類の~）▶ p.65
a kind of ~　（一種の~）▶ p.85

073 stop watching　　見ることをやめる

RANK You should **stop watching** TV.
（あなたはテレビを**見るのをやめる**べきです。）

stop のあとは，動詞の ing 形がくる。

▶ Why did the girl **stop crying**?
（なぜその女の子は**泣きやん**だのですか。）

stop **to watch**（見るために立ち止まる）とすると違う意味になっちゃうよ。

出るランクA 👑👑👑👑👑 　👑 **71位～75位**

074 from A to B　　A から B まで

RANK
That shop is open **from Monday to Saturday**.
(あの店は**月曜日から土曜日まで**営業しています。)

▶ How far is it **from here to the station**?
(ここから駅まではどれくらい離れていますか。)

A, B には，**時**を表す語句のほか，**場所**を表す語句もくる。

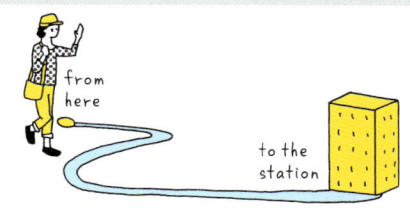

075 Shall we ～?　　～しましょうか。

RANK
Shall we play tennis after school?
(放課後にテニスをしましょうか。)

相手を**誘う**ときの表現。**Let's ～.**(～しよう。)とほぼ同じ意味。
応じ方→**Sure. / OK.**(いいですよ。), **Yes, let's.**(そうしましょう。)

このまま What time **shall we** meet?
(何時に会いましょうか。)

難関 Let's go to the zoo, **shall we**?
(動物園へ行き**ましょうか**。)

Let's ～. の文に付加疑問をつけるときは，shall we? を使う。

関連 Shall I ～? (～しましょうか。) ▶ p.69

基本レベル　標準レベル　高得点レベル　超ハイレベル

47

076 go to bed — 寝る，ベッドに入る

RANK You should **go to bed** now.
(あなたはもう寝るべきです。)

> 寝るためにベッドに入って横になることを表す。

▶ What time did you **go to bed** last night?
(あなたは昨夜，何時に寝ましたか。)

▶ Jane **went to sleep** without doing her homework.
(ジェーンは宿題をしないで眠りました。)

> ベッドに入る入らないに関係なく「眠る，寝入る」ことをいうときは go to sleep, fall asleep を使う。

しまった！
机で眠ってた〜。

関連 get up （起きる） ▶ p.29

077 get to 〜 — 〜に着く

RANK My grandfather will **get to** the airport at noon.
(祖父は正午に空港に着くでしょう。)

> to のあとは，場所を表す語句がくる。

このまま How can I get to the station?
(駅へはどうやって行けますか。)

▶ When I **got there**, Mike was cooking dinner.
(私がそこに着いたとき，マイクは夕食を作っていました。)

> there(そこに), here(ここに), home(家に)などが続くとき，to は不要。

関連 arrive at 〜 / arrive in 〜 （〜に着く） ▶ p.76

出るランクA 👑👑👑👑👑 👑 **76位～79位**

078 go back to ～ 〜へ戻る, 〜へ帰っていく

RANK At first, I wanted to **go back to** Japan.
(最初は，私は日本へ戻りたいと思っていました。)

▶ I have to **go back home** soon.
(私はもうすぐ家に戻らなければなりません。)

> ×go back <u>to</u> home とするのは間違い。
> home(家に)，there(そこに)などが続くときは，to は不要。

関連 return (動 戻る，〜を戻す)
come back to ～ (〜へ帰ってくる，〜へ戻る) ▶p.39

079 Why don't you ～? 〜しませんか。, 〜してはどうですか。

RANK **Why don't you** come with me**?**
(私といっしょに来ませんか。)

> 相手を**誘う**ときや，何かを**提案する**ときに使われる。

▶ **Why don't you** try something new**?**
(何か新しいことに挑戦してみてはどうですか。)

重要 **Why don't we** go swimming in the sea**?**
(いっしょに海に泳ぎに行きませんか。)

> **Why don't we ～?** は「(いっしょに)〜しませんか。」という意味になる。

関連 How about ～? (〜はどうですか。) ▶p.16
Would you like ～? (〜はいかがですか。) ▶p.66

080 be able to 〜 〜することができる

RANK Bats **are able to** fly in the dark.
(コウモリは暗やみを飛ぶことができます。)

> to のあとは，**動詞の原形**がくる。
> be 動詞は主語によって使い分ける。
> 主語が **I** → I <u>am</u> able to 〜．
> 主語が **you** や複数 → You <u>are</u> able to 〜．
> 主語が **3 人称単数** → He <u>is</u> able to 〜．

重要 I **was able to** win the game.
(私はその試合に勝つことができました。)

> 過去の文は，「**〜することができた**」という意味になる。
> 主語が **I** や 3 人称単数 → I <u>was</u> able to 〜．
> 主語が **you** や複数 → You <u>were</u> able to 〜．

重要 You **will be able to** get more rice in fall.
(秋にはより多くの米を収穫することができるでしょう。)

> will や may などの**助動詞と組み合わせて**使うこともできる。

081 take me to 〜 私を〜に連れていく

RANK My uncle **took me to** a nice restaurant last night.
(おじは昨夜，私をすてきなレストランに連れていってくれました。)

> この take は「**連れていく**」という意味。

▶ Please **take these books to** your room.
(これらの本をあなたの部屋に持っていってください。)

> take のあとが「物」の場合は，「**(物)を〜へ持っていく**」という意味。

080 be glad to 〜　　〜してうれしい

I'm glad to see you again.
（私はあなたにまた会えてうれしいです。）

> to のあとには，**動詞の原形**がくる。

このまま **I'm glad to** hear that.
（私はそれを聞いてうれしいです。）

▶ John **was very glad to** learn about *sumo*.
（ジョンは相撲について学ぶことができてとても喜びました。）

> 過去の文の場合→ <u>was</u> glad to 〜 / <u>were</u> glad to 〜 となる。
> 「〜して**とても**うれしい」というときは，be **very** glad to 〜 となる。

関連 be happy to 〜（〜してうれしい）▶ p.30

083 worry about 〜　　〜について心配する

You don't have to **worry about** the weather.
（天気について心配する必要はありません。）

▶ Don't **worry about making** mistakes.
（間違えることを心配してはいけません。）

> about のあとに動詞がくるときは，**ing 形**にする。

▶ I **was worried about** you.
（私はあなたのことを心配しました。）

> **be worried about** 〜のように，受け身の形でもよく使われる。

084 part of ～ 〜の一部

Part of the building was made of stone.
(その建物の一部は石で作られていました。)

- Playing tennis is **a part of** my life.
(テニスをすることは私の生活の一部です。)
part の前に a をつけることもある。

- Kagoshima is in **the southern part of** Kyushu.
(鹿児島は九州の南部にあります。)
part は「地域，区分」という意味で使われることもある。

085 go home 帰宅する

Do you have to **go home** now?
(あなたはもう帰宅しなければなりませんか。)
×go to home とするのは間違い。home の前に to は不要。

- When I **got home**, my brother was playing video games.
(私が帰宅したとき，弟はテレビゲームをしていました。)

- My father usually **comes home** at about eight.
(私の父はたいてい8時ごろ帰宅します。)

go home →家に向かうこと。
get home →家に到着すること。
come home →家に帰ってくること。

関連 leave home （家を出る）

出るランクA 　👑👑👑👑👑　👑**84**位~87位

086 all of ~ 　　～の全員，～の全部

RANK **All of** them were looking at the mountain.
(彼ら**の全員**がその山を見ていました。)

> of のあとに代名詞がくるときは，**目的格**にする。

▶ Haruna finished **all of her homework**.
(春菜は**宿題を全部**終えました。)

> 数えられる名詞の複数形だけではなく，**数えられない名詞**がくることもある。

関連 one of ~ （～のうちの1つ）▶ p.17

087 Could you ~? 　　～していただけますか。

RANK **Could you** say that again**?**
(それをもう一度言っていただけますか。)

> 相手にていねいに依頼するときの言い方。

このまま **Could you** tell me the way to the station?
(駅への道を教えていただけますか。)

> 道案内の場面で使われる表現。

このまま **Could you** show me another one?
(ほかの物を見せていただけますか。)

> 買い物の場面で，別の商品を見たいときに客が店員に言う言葉。

関連 Can you ~? （～してくれますか。）▶ p.33
Will you ~? （～してくれますか。）▶ p.38
Would you ~? （～していただけますか。）▶ p.100

088 this morning　今朝

RANK

I got an e-mail from Mr. Smith **this morning**.
(私は**今朝**，スミス先生からメールを受け取りました。)

> この this は，「今日の，現在の」という意味。
> on などの前置詞はつけず，×on this morning などとはいわない。

▶ You don't look well **this morning**.
(あなたは**今朝**は具合が悪そうですね。)

> 過去の文だけではなく，現在や未来の文でも使われる。

重要 What are you going to do **this afternoon**?
(あなたは**今日の午後**，何をする予定ですか。)

> **this afternoon** →「今日の午後」
> **this evening** →「今日の夕方，今晩」
> ただし，「今夜」は，×this night ではなく，**tonight** を使う。

089 be born　生まれる

RANK

My sister **was born** on May 20, 2010.
(私の妹は 2010 年 5 月 20 日に**生まれました**。)

> was born, were born の形で，過去の文で使うことが多い。

▶ Where **were** you **born**?
― I **was born in** Nagoya.
(あなたはどこで**生まれました**か。― 私は名古屋で**生まれました**。)

> 生まれた「月」「年」「場所」をいうとき→ **in** を使う。
> 生まれた「日付」をいうとき→ **on** を使う。

出るランクA 👑👑👑👑👑　🏁 **88位～91位**

090 I'd like ～.　～がほしいのですが。

RANK **I'd like** some tea.
（お茶がほしいのですが。）

> **I'd** は **I would** を短縮した形。あとに自分のほしいものを続ける。
> I want ～. よりもていねいな言い方。

▶ **I would like** two hamburgers.
（ハンバーガーを2つください。）

> レストランやファストフード店などで注文するときにも使われる。
> また、短縮形を使うことが多いが、I would like ～. でもよい。

🔗 関連　I'd like to ～. / I would like to ～.　（～したいのですが。）▶ p.35
Would you like ～?　（～はいかがですか。）▶ p.66

091 around the world　世界中で

RANK His music is loved by people **around the world**.
（彼の音楽は世界中で人々に愛されています。）

> around は「～の周りに、～のあちこちを」などという意味。

▶ Cars made in Japan are used **all over the world**.
（日本で作られた車は世界中で使われています。）

> **all over the world** も同じ意味を表す。
> ほかにも次のような表現がある。
> **across the world**　　**throughout the world**

🔗 関連　all over ～　（～中で、～のいたるところで）▶ p.61

092 at night 夜に

RANK Some people can't sleep well **at night**.
(**夜に**よく眠れないという人もいます。)

▶ Aya and I talked until **late at night**.
(亜矢と私は**夜遅く**まで話しました。)

late といっしょに使われることも多い。「夜遅く」という意味。

関連 in the evening （夕方に，晩に）

093 out of ～ ～から(外へ)

RANK He took some coins **out of** his pocket.
(彼はポケット**から**コインを何枚か取り出しました。)

out of the lamp

094 on TV テレビで

RANK I like watching soccer games **on TV**.
(私は**テレビで**サッカーの試合を見るのが好きです。)

関連 on the Internet （インターネットで）▶ p.69
on the phone （電話で）▶ p.89

出るランクA 👑👑👑👑👑 　👑 **92位～96位**

095 How much ～?　〜はいくら

RANK
How much is it?
— It's fifty dollars.
(いくらですか。— 50ドルです。)

値段をたずねるときに使われると、「〜はいくらですか」という意味になる。

▶ **How much does it cost** to make a rocket?
(ロケットを作るにはどのくらい費用がかかりますか。)

この cost は動詞で、「(費用)がかかる」という意味。

重要 **How much water** do you drink every day?
(あなたは毎日どのくらいの水を飲みますか。)

値段以外に、数えられない名詞の量をたずねるときにも使う。

関連 How many 〜?　(いくつの〜) ▶ p.33

096 give up　あきらめる、やめる

RANK
Tom never **gave up** his dream.
(トムは自分の夢を決してあきらめませんでした。)

このまま **Don't give up! / Never give up!**
(あきらめないで!)

励ましたり、元気づけたりするときに使われる。

▶ Judy **gave up playing** tennis.
(ジュディーはテニスをすることをあきらめました。)

あとに動詞がくるときは、動詞は ing 形にする。

REVIEW

必出！スコアアップ講座 1 動詞の形を見極めよう

Q 正しい動詞の形を選びましょう。
※赤フィルターでチェックしましょう。

1. 私は昨夜，夕食を作らなければなりませんでした。
   I had to (make / making / made) dinner last night.
   　　　　　　　　　　　　　　　　答え make　▶ p.13

2. あなたとごいっしょできてとてもうれしいです。
   I'm very happy to (be / been / was) with you.
   　　　　　　　　　　　　　　　　答え be　▶ p.30

3. 私の家に来ませんか。—いいですね。
   How about (to come / coming / comes) to my house?
   —Sounds good.
   　　　　　　　　　　　　　　　　答え coming　▶ p.16

4. 私はあなたに私の気持ちを理解してもらいたいのです。
   I want you to (understand / understanding) my feelings.
   　　　　　　　　　　　　　　　　答え understand　▶ p.37

5. ウィリアムズさんはいつ日本へ来る予定ですか。
   When is Mr. Williams going to (come / coming / comes) to Japan?
   　　　　　　　　　　　　　　　　答え come　▶ p.13

6. ジェシカは映画製作に興味があります。
   Jessica is interested in (makes / making / to make) movies.
   　　　　　　　　　　　　　　　　答え making　▶ p.18

7. ブライアンはいつ自分の部屋をそうじし始めましたか。
   When did Brian start (clean / cleaned / to clean) his room?
   　　　　　　　　　　　　　　　　答え to clean　▶ p.19

8. あなたはスミス先生とのおしゃべりを楽しみましたか。
   Did you enjoy (talking / talk / to talk) with Mr. Smith?
   　　　　　　　　　　　　　　　　答え talking　▶ p.16

9. 私にスケートのしかたを教えてください。
   Please teach me how (to skate / skating / for skate).
   　　　　　　　　　　　　　　　　答え to skate　▶ p.21

10. 写真を見せてくれてありがとう。
    Thank you for (show / showing / to show) me some pictures.
    　　　　　　　　　　　　　　　　答え showing　▶ p.37

CHAPTER 2

標準レベル

♛ 高校入試ランク 97位～221位

この章に収録されているのは，高校入試対策のためにはおさえておきたい標準レベルの熟語です。すべての受験生が，最低でもこの章の熟語まではマスターしておく必要があります。

I'll keep on going.
（僕は進み続けるよ。）

097 what to do — 何をしたらよいか

RANK Please tell me **what to do** next.
(次に何をしたらよいか私に教えてください。)

> to のあとは，**動詞の原形**がくる。what to do はひとまとまりになって，動詞の目的語になっている。

このまま I didn't know **what to say**.
(私は何を言ったらよいかわかりませんでした。)

▶ Have you decided **where to go**?
(あなたは**どこへ行くか**決めましたか。)

> what のほかに，where や when も同じ形で使われる。
> **where to** go → 「どこに行ったらよいか」
> **when to** go → 「いつ行ったらよいか」

関連 how to ～ （～のしかた） ▶ p.21

098 wait for ～ — ～を待つ

RANK You don't have to **wait for** them.
(あなたは彼らを**待つ**必要はありません。)

▶ I'm **waiting for the bus**.
(私は**バスを待って**います。)

> for のあとは，バス・電車などの「乗り物」がくることもある。

難関 Becky **was waiting for me to open** the door.
(ベッキーは私がドアを開けるのを待っていました。)

> wait for ～ のあとに〈**to＋動詞の原形**〉が続くと，「**～が…するのを待つ**」という意味になる。

出るランクB

97位〜100位

097 the next day
その翌日，次の日

The next day, I sent Judy some pictures.
(**その翌日**，私はジュディーに写真を何枚か送りました。)

> 過去，または未来のある日を基準として，「その翌日」を表す。the を忘れないようにすること。

▶ My aunt is going to go to Shibuya tomorrow. She is going to go back to Osaka **the next day**.
(おばは明日，渋谷へ行くつもりです。彼女は**その次の日**に大阪へ戻る予定です。)

> 文の最初だけではなく，最後におかれることもある。

100 all over 〜
〜中(じゅう)で，〜のいたるところで

Sushi is eaten **all over** the world.
(すしは世界**中**で食べられています。)

> 国など，場所を表す語句が続く。over は「〜の上に，〜をおおって」などの意味。

▶ This kind of flower is seen **all over Japan**.
(この種類の花は**日本のいたるところで**見られます。)

> the world, Japan のほか，次のような語句と組み合わせて使われることもある。
> **all over the country** → 「国中で，全国で」
> **all over the body** → 「体中に，全身に」

100位到達

関連 around the world (世界中で) ▶ p.55
all around 〜 (〜中に，あたり一面に) ▶ p.156

101 be surprised to ~   ～して驚く

RANK We **were surprised to** see a famous singer on the train.
（私たちは電車で有名な歌手に会って驚きました。）

to のあとは、**動詞の原形**がくる。驚いた理由や原因を表す。

このまま I'm **surprised to** hear that.
（私はそれを聞いて驚いています。）

▶ She **was very surprised at** my words.
（彼女は私の言葉**にとても驚きました**。）

be surprised at ～で「**～に驚く**」という意味。▶ p.148
at のあとには名詞が続く。
She **was very surprised to** hear my words. と言いかえられる。

関連 be happy to ～ （～してうれしい） ▶ p.30
be glad to ～ （～してうれしい） ▶ p.51

102 Here you are.
Here it is.   はい，どうぞ。

RANK May I have some cookies?
— Sure. **Here you are.**
（クッキーを食べてもいいですか。— いいですよ。はい，どうぞ。）

▶ Have you seen my cell phone? — Yes. **Here it is.**
（私の携帯電話を見ましたか。— ええ。**はい，どうぞ。**）

相手に**物を手渡す**ときに使われる。
Here it is. は，探し物をしている場面でよく使われる。

関連 Here you go. （はい，どうぞ。）

出るランクB 👑👑👑👑 👑 **101位〜105位**

103 **You're welcome.** どういたしまして。

RANK Thank you very much. — **You're welcome.**
(どうもありがとうございました。— どういたしまして。)

「ありがとう」など，お礼を言われたときに使う決まった表現。

▶ Thank you for your help.
— **Not at all.**
(手伝ってくれてありがとう。
— どういたしまして。)

応じ方もいろいろあるんだなー。

Not at all. / No problem. / That's all right.
も同じように使われる。

104 **at that time** そのとき，当時

RANK Jane was in her room **at that time**.
(ジェーンは**そのとき**自分の部屋にいました。)

関連 then （副 そのとき，それから）

105 **I think so, too.** 私もそう思います。

RANK I think we should save water. — **I think so, too.**
(私たちは節水するべきだと思います。— 私もそう思います。)

I think so.（そう思います。）のように，too を省くこともできる。

▶ This story is boring. — Really? **I don't think so.**
(この話は退屈だ。— 本当？ 私はそう思いません。)

基本レベル / 標準レベル / 高得点レベル / 超ハイレベル

63

106 be good at ～   ～が得意だ，～がじょうずだ

RANK I'm **good at** English.
（私は英語が得意です。）

重要 My sister **is good at playing** tennis.
（私の姉はテニスをするのがじょうずです。）

あとに動詞がくるときは，**動詞は ing 形**にする。

---

107 by the way   ところで

RANK **By the way**, when are you going to leave Japan?
（ところで，いつ日本を発つ予定ですか。）

話の途中で**話題を変える**ときに使われる。

---

108 have been to ～   ～へ行ったことがある

RANK Mike **has been to** China three times.
（マイクは 3 回，中国へ行ったことがあります。）

主語が **3 人称単数**のとき→ <u>has</u> been to ～

このまま **Have you ever been to** Kyoto?
（あなたは京都へ行ったことがありますか。）

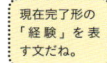

現在完了形の「経験」を表す文だね。

出るランクB 👑👑👑👑🏳 | 👑 **106**位〜110位

109 **go out** 外出する

RANK I decided to **go out** for dinner.
(私は夕食を食べに**外出する**ことにしました。)

▶ Mr. Brown stood up and **went out of** the room.
(ブラウンさんは立ち上がり、部屋**から出ていき**ました。)

「(場所)から出ていく」というときは、go out of 〜を使う。

難関 ▶ The lights **went out** at ten yesterday.
(昨日、10時に電気が**消えました**。)

明かりや火などが「消える」という意味もある。

関連 get out of 〜 (〜から降りる、〜から外へ出る) ▶ p.131
get out (外に出る) ▶ p.140

110 **What kind of 〜?** どんな種類の〜

RANK **What kind of** music do you like?
— I like pop music.
(あなたは**どんな種類の**音楽が好きですか。
—私はポピュラー音楽が好きです。)

この kind は「**種類**」という意味。

▶ **What kind of information** do you need?
(あなたは**どんな種類の情報**が必要ですか。)

▶ **What kind of books** do you usually read?
(あなたはふだん**どんな種類の本**を読みますか。)

あとには数えられない名詞だけでなく、数えられる名詞も続く。

関連 many kinds of 〜 (いろいろな種類の〜) ▶ p.46

111 do my homework 宿題をする

RANK I'm going to **do my homework** in the library.
(私は図書館で**宿題をする**つもりです。)

▶ Did you **do your English homework**?
(あなたは**英語の宿題をしましたか**。)

教科を示すときは，homework の前に教科名を入れる。

112 many times 何回も

RANK I've read this book **many times**.
(私はこの本を**何回も**読んだことがあります。)

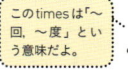

> この times は「~回，~度」という意味だよ。

113 Would you like ~? ~はいかがですか。

RANK **Would you like** a cup of tea?
(お茶**はいかがですか**。)

人に**物をすすめる**ときに使う。Do you want ~? のていねいな言い方。

このまま **Would you like some more?**
(もう少し**いかがですか**。/ お代わりはいかがですか。)

このまま **What would you like?** — I'll have a sandwich.
(何にいたしますか。—サンドイッチをください。)

レストランなどで注文を取るときにも使われる。

114 finish writing　書き終える

I'm going to finish writing this letter today.
(私は今日，この手紙を書き終えるつもりです。)

> finish のあとは，動詞の **ing 形**を続ける。
> ×finish to write とするのは間違い。

- Have you **finished cleaning** the classroom?
(あなたたちは教室を**そうじし終わりました**か。)

115 That's right.　その通りです。

The post office closes at five, right?
— Yes, **that's right**.
(郵便局は5時に閉まりますよね。— はい，その通りです。)

> 相手の発言に対して，同意したり，賛成したりするときに使う。

関連 That's true. (その通りです。)
You're right. (あなたの言う通りです。)

116 at first　最初は

At first, I couldn't understand what he said.
(最初は，私は彼が何を言っているのか理解できませんでした。)

- I didn't speak English well **at first**.
(**最初は**，私は英語がじょうずに話せませんでした。)

> 文の最初だけではなく，最後におくこともある。

117 this one / that one
こちらのもの，これ / あちらのもの，あれ

RANK This ruler is as long as **that one**.
（この定規は**あちらのもの**と同じくらいの長さです。）

> この文の one は ruler のことを指している。
> 前に出た物と同じ種類の物を示して，「もの」という意味。

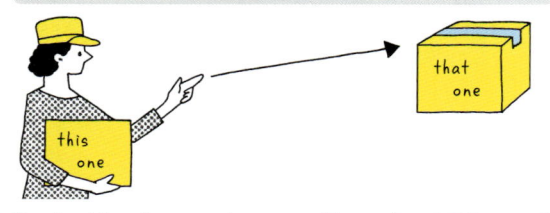

このまま ▶ I'm looking for a red cap. — **How about this one?**
（赤い帽子を探しています。―**こちらのものはいかがですか**。）

118 look like 〜
〜のように見える，〜に似ている

RANK Your house **looks like** a castle.
（あなたの家はお城**のように見えます**。）

> この like は「〜のような，〜に似た」という意味。
> あとには，名詞や代名詞が続く。

▶ That animal **looks like** a bear.
（あの動物は熊**に似ています**。）

難関 ▶ It **looks like** rain.
（雨になりそうです。）

> 「〜しそうだ」という意味で使われることもある。

出るランクB 👑👑👑👑👑 👑 **117位～121位**

119 Shall I ～? ～しましょうか。

RANK **Shall I** bring you something to drink**?**
（あなたに何か飲むものを持ってきましょうか。）

「私が～しましょうか」と相手に申し出るときの表現。

このまま **Shall I help you?**
（お手伝いしましょうか。）

次のような応じ方がある。
「はい，お願いします。」→ **Yes, please.**
「いいえ，結構です。」 → **No, thank you.**

▶ **What shall I** do first**?**
（最初に何をしましょうか。）

関連 Shall we ～? （～しましょうか。）▶ p.47

120 for the first time 初めて

RANK I tried sushi **for the first time** when I visited Japan.
（私は日本を訪れたときに，初めてすしを食べてみました。）

121 on the Internet インターネットで

RANK We can get a lot of information **on the Internet**.
（私たちは**インターネットで**たくさんの情報を得ることができます。）

この on は手段や方法を表して，「～で，～によって」という意味。

🔊 29

122 don't have to ~ 〜する必要はない

RANK You **don't have to** worry about that.
(あなたはそのことを心配**する必要はありません**。)

重要 He **doesn't have to** walk to school today.
(彼は今日，歩いて学校へ行く**必要はありません**。)

> 主語が he など **3人称単数**のとき → <u>doesn't</u> have to 〜

関連 have to 〜 （〜しなければならない） ▶p.13
don't need to 〜 （〜する必要はない）

123 over there 向こうに，あそこで

RANK The girl standing **over there** is my sister.
(**向こうに**立っている少女は私の妹です。)

▶ Do you see that tall tree **over there**?
(**あそこにある**あの背の高い木が見えますか。)

関連 over here （こちらに，こちらの方へ）

124 stand up 立ち上がる，起立する

RANK Ms. Baker told the students to **stand up**.
(ベイカー先生は生徒たちに**起立する**ように言いました。)

関連 sit down （すわる，着席する） ▶p.85

125 between A and B　AとBの間に

RANK There are many differences **between Japan and America**.
(日本とアメリカの間には，たくさんの違いがあります。)

▶ My grandfather usually has dinner **between 6:00 p.m. and 7:00 p.m.**
(私の祖父はたいてい午後6時から午後7時の間に夕食を食べます。)

> AとBには，「場所」や「もの」だけではなく，「時」を表す語句もくる。

関連 among（前〈3つ以上〉の間に）

126 ask him to ～　彼に～するように頼む

RANK Could you **ask him to** call me back?
(彼に私へ電話をかけ直すように頼んでいただけますか。)

> toのあとは，動詞の原形がくる。このaskは「たずねる」という意味ではなく，「頼む」という意味。

▶ Mika **asked me to** speak more slowly.
(美香は私にもっとゆっくり話すように頼みました。)

> askのあとには，me(私に)，her(彼女に)，my mother(私の母)，Mika(美香)など，「人」を表す語句がくる。

難関 I'll **ask him for** help.
(私は彼に助けを求めるつもりです。)

> ask him for ～は，「彼に～を求める」という意味になる。

127 take a picture 写真を撮る

May I take a picture here?
（ここで写真を撮ってもいいですか。）

▶ Shall I **take a picture of** you?
（あなた**の写真を撮り**ましょうか。）

> 「〜の写真を撮る」というときは，take a picture of 〜の形を使う。

▶ Where did you **take** these **pictures**?
（どこでこれらの**写真を撮り**ましたか。）

> picture**s** と複数形になることもある。

関連 take a photo （写真を撮る）

128 put it in 〜 それを〜に入れる

I put it in my pocket.
（私は**それを**ポケット**に入れ**ました。）

> put と in の間に目的語が入る。
> **動** put（〜を置く，〜を入れる）は，原形と過去形・過去分詞の形が同じ。

▶ What did you **put in** the bag?
（あなたは何をかばん**に入れ**ましたか。）

▶ Please **put it into** the box.
（**それを**箱の中**に入れ**てください。）

> **put it into 〜**も「それを〜の中に入れる」という意味。

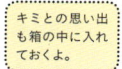

キミとの思い出も箱の中に入れておくよ。

出るランクB 👑👑👑👑👑 **127位～130位**

129 **come and** see 　会いに来る

RANK Please **come and see** me if you have time.
（時間があれば，私に**会いに来て**ください。）

and のあとには**動詞**がくる。この see は「会う」という意味。

▶ Do you want to **come and watch** a new DVD?
（新しい DVD を**見に来**ませんか。）

▶ Mike **came to see** me every day.
（マイクは毎日，私に**会いに来ました**。）

〈come to ＋動詞の原形〉も同じ意味で使われる。

関連 go and see （見に行く） ▶ p.103

130 **the way to ～** 　～へ行く道，～する方法

RANK Could you tell me **the way to** the post office?
（郵便局**へ行く道**を教えていただけますか。）

重要 I'll show you **the way to use** this machine.
（あなたにこの機械**の使い方**を教えましょう。）

場所を表す語句が続くとき→「**～へ行く道**」という意味。
動詞の原形が続くとき　　→「**～する方法**」という意味。

▶ What is **the best way to** learn English?
（英語を学ぶ**いちばんよい方法**は何ですか。）

the <u>best</u> way to ～　→「～する**いちばんよい**方法」
a <u>new</u> way to ～　　→「～する**新しい**方法」
the <u>easiest</u> way to ～→「～する**いちばん簡単な**方法」

関連 how to ～（～のしかた） ▶ p.21

131 keep talk**ing** 話を**し続ける**

Ms. Smith **kept talking** to the boy.
(スミスさんはその少年に**話し続け**ました。)

> keep に続く**動詞は ing 形**になる。

▶ We have to **keep on studying** hard.
(私たちは一生懸命に**勉強し続け**なければなりません。)

> on が入ると，意味が強まる。「しつこく〜する」という意味合いで使われることもある。

---

132 the number of 〜 〜の数

The number of electric cars sold in Japan is increasing.
(日本で売られている電気自動車**の数**は増えています。)

> of に続く名詞は**複数形**にする。また，上の例文では主語は cars ではなく number なので，be 動詞は is を使う。

---

133 stay with 〜 〜の家に泊まる

I'm going to **stay with** a host family for a week.
(私は1週間，ホストファミリー**の家に泊まる**予定です。)

> stay at 〜を使って，I'm going to **stay at** a host family's house for a week. と書きかえることもできる。

関連 stay at 〜 / stay in 〜 （〜に滞在する） ▶ p.28

134

on your right / on your left
あなたの右手に / あなたの左手に

- You'll see the library **on your right**.
  (**あなたの右手に**図書館が見えるでしょう。)
- ▶ The hospital is **on the left**.
  (病院は**左側に**あります。)

on **the** right / on **the** left の形で使われることもある。

135

walk to 〜
〜へ歩いていく

- I **walk to** school every morning.
  (私は毎朝，学校へ歩いていきます。)

136

next to 〜
〜のとなりに

- I sat **next to** Jane.
  (私はジェーンのとなりにすわりました。)

- ▶ The shop **next to** the bank is a bookstore.
  (銀行の**となりにある**店は書店です。)

137 arrive at ～ / arrive in ～　　～に着く

RANK When I **arrived at** the station, it started to rain.
（私が駅**に着く**と、雨が降り始めました。）

重要 Jane **arrived in** Tokyo on Sunday evening.
（ジェーンは日曜日の晩に東京**に着きました**。）

> あとに続く場所によって，at と in を使い分ける。
> <u>at</u> →ふつう，施設や建物などの比較的狭い地点が続く。
> <u>in</u> →ふつう，国，都市などの比較的広い範囲が続く。

関連 get to ～　（～に着く）▶ p.48

---

138 like ～ (the) best　　～がいちばん好きだ

RANK I **like** English **the best** of all subjects.
（私は全部の教科の中で**英語がいちばん好きです**。）

▶ Which season do you **like best**?
— I **like** summer **best**.
（あなたはどの季節が**いちばん好きですか**。
—私は夏が**いちばん好きです**。）

best の前の the はなくてもよい。

関連 like A better than B　（B よりも A のほうが好きだ）▶ p.94

139 be kind to ~ 〜に親切である

RANK My host family **was kind to** me.
(私のホストファミリーは私に親切でした。)

▶ We must **be kind to** the earth.
(私たちは地球にやさしくしなければなりません。)

140 Welcome to ~. 〜へようこそ。

RANK **Welcome to** our school.
(私たちの学校へようこそ。)

このまま ▶ **Welcome aboard.**
(ご搭乗ありがとうございます。)

飛行機や船，電車などに乗ったときに，乗務員が乗客に対して言う言葉。

141 go into ~ 〜に入る

RANK This car can **go into** small spaces.
(この車は狭いところに入ることができます。)

▶ They **went into** the forest to hunt deer.
(彼らはしか狩りをするために，森に入っていきました。)

関連 go out of ~ （〜から出ていく）
come into ~ （〜に入ってくる）

🔊 33

142 put on ~   〜を身につける

RANK Please teach me how to **put on** a *kimono*.
(どうやって着物**を着る**のか私に教えてください。)

▶ My grandfather **put on his hat** and went out.
(私の祖父は**帽子をかぶって**外出しました。)

> 衣服以外にも，帽子やくつ，めがねを身につけるときにも使われる。

重要 Can you **put on** the light?
(電気**をつけて**くれますか。)

> 電気やテレビなどを「**つける**」という意味もある。

関連 wear （動 〜を身につけている）
take off 〜 （〜を脱ぐ） ▶ p.116

---

143 May I help you?   何かお探しですか。

RANK **May I help you?**
— Yes, please. I'm looking for a blue skirt.
(**何かお探しですか。/ いらっしゃいませ。**
— はい，お願いします。青いスカートを探しています。)

> 買い物の場面で使われる，店員が客にいう決まった表現。
> <u>Can</u> I help you? も同じ意味だが，May 〜 の方がよりていねい。

重要 **May I help you?** — Oh, yes. I'm afraid I'm lost.
(**お手伝いしましょうか。** —はい。道に迷ってしまったようなのです。)

> 何か困っている様子の人に対して，「**お手伝いしましょうか。**」と
> 声をかけるときにも使われる。

関連 What can I do for you? （何にいたしましょうか。）

出るランクB　👑👑👑👑👑　**👑142位〜145位**

144 Would you like to 〜?　〜しませんか。

RANK **Would you like to** have lunch together?
（いっしょに昼食を食べませんか。）

Do you want to 〜? のていねいな言い方。
to のあとは，**動詞の原形**がくる。

このまま **Would you like to** come with me?
（私といっしょに行きませんか。）

このまま What **would you like to** order?
（ご注文は何になさいますか。）

店員が注文を取るときに使われる。

関連 I'd like to 〜. / I would like to 〜.（〜したいのですが。）▶ p.35

145 by bus　バスで

RANK When it's raining, I go to school **by bus**.
（雨が降っているとき，私は**バスで**学校へ行きます。）

×by a bus, ×by the bus としないこと。
by 〜 のように交通手段をいう場合，ふつう a や the はつけない。

▶ You can get there **by train**.
（あなたはそこへ**電車で**行けます。）

〈by ＋乗り物〉で交通手段を表す。次のような言い方もある。
by train → 電車で　　**by car** → 車で　　**by bike** → 自転車で

重要 **How** do you get to the museum? — **By bike.**
（あなたは**どうやって**博物館へ行きますか。— **自転車でです。**）

交通手段をたずねるときは，How を使う。

146 be famous for 〜   〜で有名である

Our town is famous for its beautiful lake.
(私たちの町は美しい湖で有名です。)

▶ They **are famous for growing** coffee beans.
(彼らはコーヒー豆を栽培していることで有名です。)

for のあとに**動詞の ing 形**が続くこともある。

▶ She **was famous as** a writer.
(彼女は作家として有名でした。)

be famous **as** 〜で「**〜として有名である**」という意味になる。

147 May I speak to 〜?   [電話で]〜さんをお願いします。

May I speak to Mary, please?
(メアリーさんをお願いします。)

電話のやりとりで使われる表現。相手を呼び出してもらうときに使う。

148 Sounds good.   よさそうですね。

Let's go on a picnic. — **Sounds good.**
(ピクニックに行きましょう。— よさそうですね。)

相手の提案などを聞いて、それに対して**同意**を示すときに使われる。That sounds good. の That を省略している。会話ではよく省略される。

出るランクB 👑👑👑👑👑 **146**位〜150位

149 | on his way to 〜 | 〜へ行く途中で

RANK Paul visited Japan **on his way to** China.
(ポールは中国**へ行く途中で**日本を訪れました。)

主語が I のとき → on **my** way to 〜
主語が she のとき → on **her** way to 〜
主語が they のとき → on **their** way to 〜

> 主語によって使い分けが必要なんだね！

重要 They were **on the way** home from school.
(彼らは学校から家**に帰る途中**でした。)

on **the** way to 〜も意味は同じ。
ただし，home の場合 to は不要。

150 | tell me to 〜 | 私に〜するように言う

RANK My mother always **tells me to** clean my room.
(母はいつも**私に**部屋をそうじ**するように言います**。)

tell のあとは「**人**」を表す語句，to のあとは**動詞の原形**がくる。

▶ Shall I **tell him to** call you back?
(**彼に**あなたへ電話をかけ直す**ように言い**ましょうか。)

「人」を表す語が代名詞のときは，**目的格**の形を使う。

難関 ▶ Our teacher **told us to** come here.
(先生は**私たちに**ここへ**来るように言い**ました。)

say to 〜 を使って，Our teacher **said to us, "Come here."**
(先生は私たちに「**ここへ来なさい**」と言いました。)と書きかえることもできる。

151 look forward to ～　～を楽しみに待つ

RANK My sister is **looking forward to** your e-mail.
(私の妹はあなたからのメール**を楽しみに待って**います。)

進行形の文で使われることが多い。

▶ I'm **looking forward to going** to the concert.
(私はそのコンサートへ行くのを楽しみにしています。)

to のあとに動詞がくるときは，動詞は **ing 形**にする。
×looking forward to go ～とするのは間違い。

このまま I'm looking forward to seeing you.
(あなたにお会いできるのを楽しみにしています。)

152 ～ and so on　～など

RANK Tom showed me many American movies, books, games **and so on**.
(トムは私に多くのアメリカの映画，本，ゲーム**など**を見せてくれました。)

ふつう，**文の最後**におく。

153 speak to ～　～に話しかける，～と話す

RANK I **spoke to** Sarah in French.
(私はフランス語でサラ**に話しかけ**ました。)

関連 talk to ～ （～と話をする，～に話しかける）▶ p.40

出るランクB 👑 👑 👑 👑 👑 **151位～155位**

154 both A and B　　AもBも両方とも

RANK I'll study **both Japanese and English** harder.
(私は日本語も英語ももっと一生懸命に勉強します。)

> both は「両方(の)」という意味。

重要 **Both Judy and I are** members of the soccer team.
(ジュディーも私も2人ともサッカー部のメンバーです。)

> 主語は Judy and I で複数なので、be動詞は are となる。
> 直前の I につられて、×Both Judy and I am ～としないこと。

関連 both of ～　(～の両方とも) ▶ p.121
either A or B　(AかBかどちらか) ▶ p.129

155 hear about ～　　～について聞く

RANK I'm glad to **hear about** your school life.
(私はあなたの学校生活について聞くことができてうれしいです。)

このまま Have you ever **heard about** it?
(あなたはそれについて聞いたことがありますか。)

重要 Have you ever **heard of** global warming?
(あなたは地球温暖化のことを耳にしたことがありますか。)

> **hear of ～**は、「～のことを耳にする、～のうわさを聞く」という意味になる。

関連 hear from ～　(～から連絡がある) ▶ p.146

156 do my best　全力をつくす

I'll do my best.
（私は全力をつくします。）

> 過去の文のとき→ I **did** my best.（私は全力をつくしました。）

▶ Ken always **does his best** on his English tests.
（健は英語のテストでいつも全力をつくします。）

> best の前の語は主語によって変わる。
> **you** のとき → do **your** best　　**we** のとき → do **our** best
> **he** のとき → do **his** best　　　**she** のとき → do **her** best

▶ It's important for me to **try my best**.
（**全力をつくす**ことは私には大切です。）

> **try my best** も，ほぼ同じ意味で使われる。

---

157 without saying　言わないで

They sat for hours **without saying** a word.
（彼らは一言も**言わないで**何時間もすわっていました。）

> without は「〜なしで」という意味。
> あとに動詞の ing 形が続くと，「〜しないで，〜せずに」という意味になる。

難関 ▶ She **never** reads this poem **without thinking** of her classmates.
（彼女はこの詩を読むと**必ず**同級生のことを**思いうかべます**。）

> **never** といっしょに使われると，「〜せずに…することはない」「…すれば必ず〜する」という意味になる。

158 sit down — すわる，着席する

RANK Please **sit down** here.
（ここにすわってください。）

関連 sit on ~ （~にすわる）▶ p.101
stand up （立ち上がる，起立する）▶ p.70

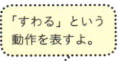

「すわる」という動作を表すよ。

159 not ~ at all — 少しも~ない

RANK You **don't** have to worry **at all**.
（あなたたちは少しも心配する必要はありません。）

否定の意味を強めるときに使われる。

重要 Thank you very much. — **Not at all.**
（どうもありがとうございます。— どういたしまして。）

Not at all. は「どういたしまして。」という意味。
お礼を言われたときの応答として使う。

160 a kind of ~ — 一種の~

RANK Kira is **a kind of** traditional costume in Bhutan.
（キラはブータンの一種の伝統的な衣装です。）

この kind は「種類」という意味。

関連 many kinds of ~ （いろいろな種類の~）▶ p.46
What kind of ~? （どんな種類の~）▶ p.65

161. not ~ yet まだ～ない

RANK I have **not** decided **yet**.
（私はまだ決めていません。）

> 現在完了形の文でよく使われる。

重要 Have you finished your homework yet?
— **No, not yet.**
（あなたはもう宿題を終えましたか。— いいえ，まだです。）

> **No, not yet.** で「いいえ，まだです。」という意味。

162. get well / get better よくなる

RANK I hope you'll **get well** soon.
（私はあなたがすぐによくなることを願っています。）

> 人が病気やけがなどから「回復する，元気になる」という意味。
> この well は「健康で，元気で」という意味。

重要 Lisa's Japanese **is getting better**.
（リサの日本語はよくなってきています。）

> well の比較級 better を使うと，「(前よりも)もっとよくなる」という意味を表す。

▶ Our lives gradually **became better**.
（私たちの生活はだんだんよくなりました。）

> get ではなく，become といっしょに使われることもある。
> 意味はほぼ同じ。

168. have a party — パーティーを開く

We're going to **have a party** on Sunday.
(私たちは日曜日にパーティーを開く予定です。)

▶ I'm planning to **hold a party** for Sam.
(私はサムのためにパーティーを開く計画を立てています。)

hold a party もほぼ同じ意味で使われる。

169. any other 〜 — ほかに何か〜, ほかのどの〜

Do you have **any other** questions?
(ほかに何か質問はありますか。)

重要 Bob is taller than **any other student** in his school.
(ボブは学校のほかのどの生徒よりも背が高いです。)

比較級の文で使うときは, other に続く名詞は**単数形**にする。Bob is **the tallest student** in his school.(ボブは学校でいちばん背の高い生徒です。)のように最上級を使って書きかえることもできる。

170. on the phone — 電話で

I sometimes talk with her **on the phone**.
(私はときどき, 彼女と電話で話をします。)

▶ She is **on the phone**.
(彼女は電話中です。)

関連 on the Internet (インターネットで) ▶ p.69

171 go down 〜 — 〜を降りる，下がる

RANK They couldn't **go down** the mountain because of the heavy rain.
(彼らは大雨のせいで山を降りることができませんでした。)

重要 **Go down this street** and turn right at the corner.
(この通りを行って，角を右に曲がってください。)

> 道案内の場面でも使う。**「〜に沿って行く，〜を行く」**という意味。

---

172 come true — 実現する

RANK Your dream will **come true**.
(あなたの夢は実現するでしょう。)

> 夢などが**「現実のものになる，実現する」**というときに使う。

▶ Our wishes finally **came true**.
(私たちの望みはとうとうかないました。)

---

173 agree with 〜 — 〜に同意する

RANK I **agree with** you.
(私はあなたの意見に同意します。)

「反対する」は，disagreeを使うよ。

重要 Do you **agree with** her opinion?
(あなたは彼女の意見に賛成ですか。)

> with のあとは「人」だけでなく，**計画や提案**がくることもある。

出るランクB 👑👑👑👑 **171位〜175位**

174 get off — 降りる

RANK Where should I **get off**?
(私はどこで**降りる**べきですか。)

▶ I **got out of the taxi** in front of the station.
(私は駅の前で**タクシーを降り**ました。)

get **off** →電車・バス・飛行機などの乗り物から「降りる」。
get **out of** →車やタクシーなど「から降りる」。

get off the train   get out of the car

関連 get on 〜 (〈バス・電車など〉に乗る) ▶ p.98

175 have a chance to 〜 — 〜する機会がある

RANK I'll **have a chance to** talk with him next week.
(私は来週, 彼と話をする**機会がある**でしょう。)

to のあとは, **動詞の原形**がくる。

▶ We **had many chances to** learn about Japanese culture.
(私たちは日本文化について学ぶ**機会がたくさんありました**。)

次のような形で使われることもある。
have <u>a lot of</u> chances to 〜 →「〜する機会が**たくさんある**」
have <u>more</u> chances to 〜   →「〜する機会が**もっとたくさんある**」

基本レベル / 標準レベル / 高得点レベル / 超ハイレベル

176 thanks to ～ 〜のおかげで

Thanks to you, I won first prize.
（あなた**のおかげで**，私は優勝しました。）

▶ **Thanks to** the Internet, we can get a lot of information easily.
（インターネット**のおかげで**，私たちは多くの情報を簡単に入手できます。）

関連 because of ～ （〜のために） ▶ p.87

177 go up to ～ 〜に近寄る，〜まで行く

I **went up to** the clock to check the time.
（私は時間を確認するために掛け時計に**近寄り**ました。）

▶ The kite **went up** in the sky.
（凧が空に**上がり**ました。）

go up は，「上る，上がる」という意味。

178 take a bath ふろに入る

I usually **take a bath** after dinner.
（私はたいてい夕食後に**ふろに入り**ます。）

この take は「ある行動をする」という意味。

関連 take a shower （シャワーを浴びる）

出るランクB 👑👑👑👑👑 **👑176位〜181位**

179 come in — 入る

RANK Ms. Beck told me to **come in**.
(ベック先生は私に**入る**ように言いました。)

このまま May I come in?
(入ってもいいですか。)

関連 come into 〜 （〜に入ってくる）
come out of 〜 （〜から出てくる） ▶ p.108

180 a long time ago — ずっと前に

RANK **A long time ago**, there was a big clock here.
(**ずっと前に**ここには大きな時計がありました。)

▶ This picture was painted **a long time ago**.
(この絵は**ずっと前に**描かれました。)

過去の文で使う。long ago もほぼ同じ意味で使われる。 ▶ p.133

181 help me with 〜 — 私の〜を手伝う

RANK Can you **help me with** my homework?
(私の宿題を**手伝って**くれますか。)

help のあとには人を表す語句が続く。
×help my homework とするのは間違い。

182 be afraid of ～　～をこわがる，～をおそれる

RANK Why **are** you **afraid of** dogs?
(なぜあなたは犬をこわがるのですか。)

> be の使い分けに注意。
> 主語が I　　　　　現在→ am　　過去→ was
> 主語が3人称単数　　現在→ is　　過去→ was
> 主語が you や複数　現在→ are　　過去→ were

このまま Don't **be afraid of** making mistakes.
(間違えることをおそれてはいけません。)

> of のあとに動詞の ing 形がくることもある。
> 「～することをこわがる，おそれる」という意味になる。

183 like A better than B　BよりもAのほうが好きだ

RANK I **like** spring **better than** winter.
(私は冬よりも春のほうが好きです。)

> 2つのものを比べて，どちらがより好きかをいうときに使う。
> A と B には，同じ種類のものが入る。

重要 Which do you like better, pop music or rock music?
　　― I **like** pop music **better**.
(ポピュラー音楽とロックでは，どちらのほうが好きですか。
― 私はポピュラー音楽**のほうが**好きです。)

> than 以下を省く場合もある。

関連 like ～ (the) best　(～がいちばん好きだ) ▶ p.76

出るランクB 👑👑👑👑🏳 | 👑182位~186位

184 have fun 　　　楽しむ

RANK I hope you **have fun** in Japan.
（私はあなたが日本で楽しい経験をすることを願っています。）

重要 We **had a lot of fun** at the party.
（私たちはパーティーがとても楽しかったです。）

> 「大いに楽しむ」というときは，very ではなく，**a lot of** を使う。

関連 enjoy （動 ～を楽しむ）
have a good time （楽しい時を過ごす） ▶ p.30

185 some day 　　　（未来の）いつか

RANK I want to visit Hawaii **some day**.
（私はいつかハワイを訪れたいです。）

副 someday と1語で書くこともあるよ。

> これから先の未来の「ある日」のことを表す。

関連 one day
（〈過去の〉ある日，〈未来の〉いつか） ▶ p.26

186 since then 　　　そのとき以来

RANK I haven't seen her **since then**.
（私はそのとき以来ずっと彼女に会っていません。）

> 現在完了形（継続）の文で使われることが多い。

187 be different from ～　〜と異なる，〜と違っている

Your idea **is different from** mine.
（あなたの考えは私の**と異なります**。）

難関 Her school uniform **looks different from** mine.
（彼女の学校の制服は私の**とは違って見えます**。）

be 動詞ではなく，**look** を使うと，「**〜と違って見える**」という意味になる。

関連 be the same as ～　（〜と同じである）

188 not very ～　あまり〜ではない

I'm **not very** good at swimming.
（私は泳ぐことが**あまり**得意では**ありません**。）

very は not といっしょに使われると，「**あまり〜ではない**」「**それほど〜ではない**」という意味になる。

▶ Mika **can't play** tennis **very well**.
（美香はテニスがあまりじょうずにできません。）

▶ We **didn't talk very much**.
（私たちはあまり話をしませんでした。）

not のあとに動詞がくると，「**あまり〜しない**」という意味になる。

▶ A high salary does **not always** make us happy.
（高い給料が**いつも**私たちを幸せにする**とはかぎりません**。）

not always ～は「**いつも〜とはかぎらない**」という意味になる。

189 at last — ついに，とうとう

They have arrived at the South Pole **at last**.
(彼らは**ついに**南極点に到達しました。)

▶ **At last**, I finished my report.
(**とうとう**，私はレポートを終えました。)

ついに189位まで来たぞ。

文の最後だけでなく，最初におくこともできる。

関連 finally （副 最後に，ついに）
at first （最初は）▶ p.67

190 have a cold — かぜをひいている

I think you **have a cold**.
(あなたは**かぜをひいている**と思います。)

▶ Aya didn't go to school because she **had a bad cold**.
(亜矢は**ひどいかぜをひいていた**ので，学校に行きませんでした。)

「ひどいかぜ」というときは，<u>bad</u> cold と表す。

重要 I **caught a cold** a few days ago.
(私は2, 3日前に**かぜをひきました**。)

<u>have</u> a cold → 「かぜをひいている」という状態を表す。
<u>catch</u> a cold → 「かぜをひく」という意味で，かぜにかかることを表す。▶ p.155

関連 get over a cold （かぜを治す）

🔊 43

191 walk around 〜　〜を歩き回る

RANK My grandma likes **walking around** the park.
(私のおばあちゃんは公園を**歩き回る**ことが好きです。)

around は「〜のまわりに，あちこちに」という意味。

重要 We were **walking around**.
(私たちは**あちこち歩き回って**いました。)

あとに場所を表す語句がこない場合もある。

関連 look around 〜　(〜を見回す) ▶ p.131

192 get on 〜　〜に乗る

RANK Where can I **get on** the bus for Osaka?
(どこで大阪行きのバスに**乗る**ことができますか。)

重要 Let's **get in the taxi** here.
(ここで**タクシーに乗り**ましょう。)

get on 〜と get in 〜はふつう、次のように使い分ける。
get on →電車・バス・飛行機などの乗り物に「乗る」。
get in →車・タクシーなどの乗り物に「乗る」。

get on the train　　　get in the car

関連 get off　(〈電車・バスなどから〉降りる) ▶ p.91
　　　 get out of 〜　(〈車・タクシーなど〉から降りる) ▶ p.131

出るランクB 👑👑👑👑👑 　👑 **191位〜195位**

193 in fact　　　実は，実際は

Some students think English is difficult.
But **in fact**, it is easy.
(英語は難しいと考える生徒もいます。しかし，実は簡単です。)

前の文の内容を強調・訂正して，「実は，実際は」という意味で使われることが多い。

194 I'm afraid that 〜.　（残念ながら）〜ではないかと思う。

I'm afraid that you are wrong.
(残念ながらあなたは間違っているのではないかと思います。)

望ましくないことや，言いにくいことを伝えるときに使う。
that は接続詞で，省略されることもある。

関連 I hope that 〜. (〜だといいと思う。) ▶ p.23

195 It says that 〜.　[手紙・本・ウェブサイトなどに] 〜と書いてある。

It says that Mike is coming to Japan next month.
(マイクが来月，日本にやってくると書いてあります。)

この It は**手紙・本・ウェブサイト**など，参照先を指している。

▶ **It said** the world's population was increasing.
(世界の人口は増えていると書いてありました。)

that は接続詞で，省略されることもある。

196 Would you ~? 〜していただけますか。

RANK **Would you** tell me about your country? — Sure.
(あなたの国について教え**ていただけますか**。— いいですよ。)

> 相手に**依頼**するときの表現。Will you ~? よりもていねいな言い方。
> 「いいですよ。」と応じるときは、Sure. / OK. / All right. などを使う。
> 断るときは、I'm sorry. のあとに、できない理由を述べるとよい。

難関 **Would you mind waiting** here?
— No, not at all.
(ここで**お待ちいただけますか**。— いいですよ。)

> Would you mind ~ing? で、「〜していただけますか」という意味。
> 「〜することを気にしませんか」と聞いているので、「いいですよ。」
> と応じるときは、No, not at all. / Of course not. などを使う。

関連 Can you ~? （〜してくれますか。） ▶ p.33
Will you ~? （〜してくれますか。） ▶ p.38
Could you ~? （〜していただけますか。） ▶ p.53

197 most of ~ 〜のほとんど，〜の大部分

RANK **Most of** the children are interested in sports.
(その子どもたちの**ほとんど**はスポーツに興味があります。)

重要 **Most of the work was** done by John.
(その仕事の大部分はジョンがしました。)

> of のあとが**複数名詞**のとき　　　→ 複数扱いになる。
> of のあとが**数えられない名詞**のとき → 単数扱いになる。

関連 some of ~ （〜のいくつか，〜のいくらか） ▶ p.35

出るランクB　♛♛♛♛♛　**196位〜200位**

198. sit on 〜　〜にすわる

RANK Who is that girl **sitting on** the chair?
（いす**にすわっている**あの女の子はだれですか。）

関連 sit down （すわる，着席する） ▶ p.85

199. What's wrong?　どうしたのですか。

RANK You don't look well. **What's wrong?**
（あなたは具合が悪そうですね。**どうしたのですか。**）

具合が悪そうな人などに，様子をたずねるときに使う。

関連 What's the matter? （どうしたのですか。）
What's the problem? （どうしたのですか。）

200. all day　一日中

RANK I watched TV **all day** in my room.
（私は**一日中**部屋でテレビを見ました。）

▶ They worked very hard **all day long**.
（彼らは**一日中**とても熱心に働きました。）

long をつけて，**all day long** とすることもある。意味はほぼ同じ。

▶ That restaurant is open **all night**.
（あのレストランは**一晩中**営業しています。）

all night で「**一晩中**」という意味。

祝200位！
がんばろー。

201 find out 〜 — 〜を見つけ出す，〜だとわかる

RANK I'm sure they will **find out** the truth.
(彼らはきっと真実を見つけ出すでしょう。)

▶ Ann **found out that he was** a police officer.
(アンは彼が警官だとわかりました。)

> あとに〈that 主語＋動詞 〜〉の形が続くこともある。
> この that は接続詞で，省略されることもある。

重要 Let's **find out** where this fruit comes from.
(この果物がどこから来たのか調べましょう。)

> 「調べる」という意味でも使われる。

202 next time — この次は

RANK I'd like to try something new **next time**.
(この次は何か新しいことを試してみたいです。)

このまま How about playing soccer after school?
— I'm sorry, I can't. **Maybe next time.**
(放課後，サッカーをするのはどう？
— ごめん，できないんだ。また今度ね。)

> **Maybe next time.** は「また次の機会にでも。」「今度誘ってね。」などという意味。誘いや提案を断るときに使われる。

難関 **The next time** you're in Japan, you should go to Kyoto.
(今度日本に来たら，京都に行くべきです。)

> the next time 〜で，「今度〜したら」「次に〜するとき」という意味になる。

出るランクB 👑👑👑👑 **201位〜204位**

203 **go and** see 　　見に行く

RANK Why don't we **go and see** the festival?
(お祭りを見に行くのはどうですか。)

and のあとには**動詞**がくる。

▶ Can I **go and buy** something to eat?
(何か食べるものを**買いに**行ってもいいですか。)

〈**go to** ＋動詞の原形〉を使って，Can I **go to buy** something to eat? と書きかえることもできる。

関連 come and see （会いに来る） ▶ p.73

204 **at the same time** 　同時に

RANK We started to run **at the same time**.
(私たちは**同時に**走り始めました。)

動作が「同時に行われている」ということを表す。

▶ He wants to learn about different cultures. **At the same time**, he wants to introduce his culture to other countries.
(彼はいろいろな文化について学びたいと思っています。**それと同時に**，彼はほかの国に自分の文化を紹介したいと思っています。)

前の文の内容を受けて，「それと同時に，しかしながら」という意味で使われることもある。

> 寝転がると同時に人生について考えてもいるんだ。

🔊 46

205 with a smile — ほほえみながら

RANK "Hello, everyone," Ms. Hill said **with a smile**.
(ヒル先生は**ほほえみながら**「こんにちは,みなさん」と言いました。)

206 say to myself — 心の中で思う

RANK I **said to myself**, "What's happening?"
(私は「何が起こっているの?」と**心の中で思いました**。)

▶ "I have to work harder," Mr. Foster **said to himself**.
(「私はもっと熱心に働かなければならない」とフォスターさんは**心の中で思いました**。)

> 〜self の部分は,主語によって使い分ける。
> I のとき   → say to myself   he のとき → say to himself
> she のとき → say to herself   we のとき → say to ourselves

207 grow up — 大人になる,成長する

RANK I want to be a pilot when I **grow up**.
(私は**大人になったら**パイロットになりたいです。)

重要 I was born in France and **grew up** in Canada.
(私はフランスで生まれてカナダで**育ちました**。)

> 子どもや植物などが「育つ」という意味でも使われる。

関連 bring up 〜 (〜を育てる) ▶ p.177

208 be popular among ~ 〜の間で人気がある

RANK The singer **is popular among** young girls.
(その歌手は若い女の子たちの間で人気があります。)

among はふつう,「3人または3つ以上の間で」というときに使われる。

▶ This song **became popular among** children.
(この歌は子どもたちの間で人気が出ました。)

be 動詞ではなく,**become** が使われることもある。
「〜の間で人気になる」という意味。

▶ This book **is popular with** people around the world.
(この本は世界中の人々の間で人気があります。)

among ではなく,**with** が使われることもある。

209 make a mistake 間違える

RANK I **made a mistake** on the test.
(私はテストで間違えました。)

×do a mistake とはいわない。make を使う。

▶ When you speak English, don't worry about **making mistakes**.
(英語を話すとき,**間違えること**を心配しないで。)

mistakes と複数形で使われる場合もある。

間違いは成功のもと。

210 by myself 1人で，独力で

RANK I went shopping **by myself**.
(私は**1人で**買い物に行きました。)

▶ I made lunch **for myself**.
(私は**自分のために**昼食を作りました。)

for myself は「自分のために，自分で」という意味。

211 communicate with ～ ～と意思を伝え合う

RANK We can **communicate with** them in English.
(私たちは英語で彼ら**と意思を伝え合う**ことができます。)

キミとはコミュニケーションとれてるよね。

212 each of ～ それぞれの～

RANK **Each of** the children has their own room.
(**それぞれの**子どもたちは自分の部屋を持っています。)

複数名詞につられて，×Each of the children have ～としないこと。each of ～のまとまりは，**単数の主語**として扱う。

▶ I want **each of you** to choose a book.
(私は**あなたたちそれぞれに**本を選んでもらいたい。)

関連 both of ～ (～の両方とも) ▶ p.121

出るランクB 👑👑👑👑 👑 **210位〜215位**

213 far away — 遠くに

RANK Look at that castle **far away**.
（遠くにあるあのお城を見て。）

重要 My grandparents live **far away from** my house.
（祖父母は私の家から遠く離れて住んでいます。）

from がつくと「〜から遠くに，遠く離れて」という意味になる。

関連 away from 〜（〜から離れて）▶ p.122

214 make a speech — スピーチをする

RANK I'm going to **make a speech** at school next week.
（私は来週，学校でスピーチをする予定です。）

▶ Judy **made a speech about** her dream.
（ジュディーは自分の夢についてスピーチをしました。）

about がつくと「〜についてスピーチをする」という意味になる。

215 be proud of 〜 — 〜を誇りに思う

RANK I'**m proud of** my daughter.
（私は娘のことを誇りに思います。）

▶ Ken **is proud of being** a member of the team.
（健はそのチームの一員であることを誇りに思っています。）

of のあとに**動詞の ing 形**が続くこともある。

216 come out of ～　〜から出てくる

RANK My sister **came out of** her room.
（私の姉が自分の部屋**から出てきました**。）

難関 His new book **came out** last week.
（彼の新しい本が先週**発売**されました。）

> **come out** には「**(本などが)発売される，世に出る**」という意味もある。

217 at the end of ～　〜の終わりに

RANK **At the end of** class, I asked Ms. Brown a question.
（**授業の終わりに**，私はブラウン先生に質問をしました。）

難関 I entered the room **at the end of the hall**.
（私は**廊下の突き当たりの部屋**に入りました。）

> of のあとには，「**時**」を表す語句だけでなく，「**場所**」を表す語句もくる。

関連 at the beginning of ～　（〜の初めに）

218 call me back　私に電話をかけ直す

RANK Could you ask him to **call me back**?
（彼に**私に電話をかけ直す**ように頼んでいただけますか。）

このまま I'll **call back** later.
（あとでかけ直します。）

出るランクB 👑👑👑👑 **216位〜221位**

219 Let me see. — ええと。

Are you free tomorrow?
— **Let me see.** Yes, I am.
(明日は暇ですか。— ええと。はい，暇です。)

▶ How do you turn on this computer?
— **Let's see.** Oh, push this button.
(このコンピューターの電源はどうやって入れますか。
— ええと。ああ，このボタンを押して。)

Let's see. もほぼ同じ意味で使われる。

> 少し考えるときや，返答がすぐに出ないときに使うよ。

220 go away — 立ち去る

Susan smiled at me and **went away**.
(スーザンは私にほほえみ，そして**立ち去り**ました。)

▶ "**Go away!**" cried the girl.
(「**あっちへ行って！**」とその女の子は大声で言いました。)

221 Good luck. — 幸運を祈る。がんばってね。

Take care and **good luck**. — Thank you.
(気をつけて，それから**幸運を祈り**ます。— ありがとう。)

▶ **Good luck on** your speech.
(スピーチ，**がんばってね**。)

上の例文では on ではなく，with を使うこともある。

REVIEW

必出！スコアアップ講座 2 　間違えやすい動詞や名詞の形

Q （　　）内の語句を適切な形や正しい語句に変えましょう。
※赤フィルターでチェックしましょう。

1. あなたに電話をかけ直すように彼に言いましょうか。
   Shall I tell (he) to call you back?
   　　　　　　　　　　　　　　答え **him** ▶ p.81

2. 私たちはブラウン先生からの連絡を楽しみに待っています。
   We're looking forward to (hear) from Mr. Brown.
   　　　　　　　　　　　　　　答え **hearing** ▶ p.82

3. メルボルンはオーストラリアの中で最も大きな都市の１つです。
   Melbourne is one of the biggest (city) in Australia.
   　　　　　　　　　　　　　　答え **cities** ▶ p.17

4. 彼女は昨日，私に英語で話しかけました。
   She (speak) to me in English yesterday.
   　　　　　　　　　　　　　　答え **spoke** ▶ p.82

5. 彼らは仙台に数日間滞在しました。
   They stayed in Sendai for a (little) days.
   　　　　　　　　　　　　　　答え **few** ▶ p.43

6. 私は宿題をやらなければなりません。
   I have to (study) my homework.
   　　　　　　　　　　　　　　答え **do** ▶ p.66

7. トムはテストで間違えました。
   Tom (did) a mistake on his test.
   　　　　　　　　　　　　　　答え **made** ▶ p.105

8. 私たちには英語を使う機会がたくさんあります。
   We have many (chance) to use English.
   　　　　　　　　　　　　　　答え **chances** ▶ p.91

9. その公園がどこにあるかだれも知りません。
   No one (know) where the park is.
   　　　　　　　　　　　　　　答え **knows** ▶ p.88

10. あなたに２つアドバイスをしましょう。
    I'll give you two (piece) of advice.
    　　　　　　　　　　　　　　答え **pieces** ▶ p.88

CHAPTER

3

高得点レベル

♛ 高校入試ランク 222位〜334位

この章に収録されているのは，都道府県立などの公立高校で高得点をねらうための熟語です。難関私立や国立をめざす人も学習しておく必要があります。この章に取り組むことで，ほかの受験者と差をつけられます。

We've finished
half of this book.
(この本の半分まで読み終えたね。)

222 look up 見上げる，〜を調べる

RANK If you **look up** at the sky, you'll see the beautiful moon.
(空を**見上げる**と，美しい月が見えます。)

> あとに **at** が続いて，「〜を見上げる」という意味で使われることが多い。

▶ Sarah **looked up** from her notebook.
(サラはノートから**顔を上げました**。)

> 「顔を上げる」という意味もある。

重要 Let's **look up** this word in a dictionary.
(辞書でこの単語**を調べて**みましょう。)

関連 look down （見下ろす） ▶ p.154

---

223 continue to 〜 〜し続ける

RANK Mother Teresa **continued to** work for the poor.
(マザー・テレサは貧しい人たちのために働き**続けました**。)

> **to** のあとは**動詞の原形**がくる。

▶ Mr. Beck has **continued studying** about traditional festivals.
(ベックさんは伝統的な祭りについて**研究し続けています**。)

> 動詞の **ing** 形が続くこともある。ほぼ同じ意味で使われる。

関連 keep talking （話をし続ける） ▶ p.74

224 for dinner —— 夕食に

I want to eat sushi for dinner.
(私は**夕食に**すしが食べたいです。)

▶ What did you have **for breakfast**?
(あなたは**朝食に**何を食べましたか。)

「朝食に」→ for breakfast
「昼食に」→ for lunch

225 smile at 〜 —— 〜にほほえみかける

John smiled at Jenny and said, "Good morning."
(ジョンはジェニー**にほほえみかけ**、「おはよう」と言いました。)

関連 laugh at 〜 （〜を〈見て〉笑う，〜を〈聞いて〉笑う）

smile は「にっこりする，ほほえむ」ことで，laugh は「声を出して笑う」ことだよ。

226 of all —— すべての中で

I like tempura the best of all.
(私は**すべての中で**てんぷらがいちばん好きです。)

最上級の文で使われる。

関連 first of all （まず第一に） ▶ p.176
most of all （とりわけ，何よりも）

227 after a while — しばらくして

After a while, it stopped raining.
(しばらくして、雨がやみました。)

while は「しばらくの間」「少しの時間」という意味。

関連 for a while （しばらくの間） ▶ p.119

228 sound like ～ — ～のように聞こえる

It **sounds like** a good idea.
(それはいい考えのように聞こえます。[→いい考えですね。])

That sounds like fun.
(それは楽しそうですね。)

That sounds good.（いいですね。）のように形容詞がくることもあるよ。

229 ～ than before — 以前よりも～

I'm interested in Japanese history more **than before**.
(私は以前よりも日本の歴史に興味があります。)

比較級の文で使われる。

出るランクC　227位～232位

230 be made of ~　～でできている

RANK This pencil box **is made of** wood.
（この筆箱は木でできています。）

重要 Tofu and miso **are made from** soybeans.
（豆腐とみそは大豆からできています。）

> be made <u>of</u> ~　→製品を見て，**材料がわかるとき**に使われる。
> be made <u>from</u> ~　→原料・材料の質や成分が変化し，製品を見ただけでは**材料がわからないとき**に使う。

231 soon after ~　～のすぐあとに

RANK **Soon after** the trip, I received a letter from him.
（その旅行**のすぐあとに**，私は彼から手紙を受け取りました。）

▶ I became friends with John **soon after I entered** the school.
（私はその学校に**入学したすぐあとに**，ジョンと友達になりました。）

名詞だけではなく，〈主語＋動詞 ～〉の文も続く。

関連 as soon as ~　（～するとすぐに）▶ p.141

232 stay up　（寝ないで）起きている，夜ふかしする

RANK Mike **stayed up** late last night.
（マイクは昨夜，遅くまで**起きていました**。）

233 take off ~ 〜を脱ぐ

Ann **took off** her hat and put it on the desk.
(アンは帽子を**脱ぐ**と，それを机の上に置きました。)

重要 Our plane will **take off** soon.
(私たちの飛行機はまもなく**離陸する**でしょう。)

「**(飛行機が)離陸する**」という意味もある。

関連 put on ~ (〜を身につける) ▶p.78

234 right now 今すぐ，ただ今

I have to go home **right now**.
(私は**今すぐ**家に帰らなければなりません。)

この **right** は「**ちょうど**」という意味。

▶ I can't answer the phone **right now**.
(私は**今**，電話に出られません。)

関連 at once (すぐに) ▶p.155
right away (すぐに) ▶p.180

235 again and again 何度も，くり返して

Jim asked me the same question **again and again**.
(ジムは私に同じ質問を**何度も**しました。)

関連 over and over (何度も，くり返して)

236 A as well as B   Bと同様にAも

RANK Lisa studies hard at home **as well as** at school.
(リサは学校と**同様に**家でも熱心に勉強します。)

難関 I joined the soccer team.   My friends did **as well**.
(私はサッカー部に入りました。私の友人たち**もまた**そうしました。)

as well だけだと、「～もまた、そのうえ」という意味になる。

237 the other day   先日

RANK I met Ms. Brown **the other day**.
(私は**先日**，ブラウン先生に会いました。)

ふつう，**過去の文**で使われる。

238 in time   間に合って

RANK Sam arrived at school just **in time**.
(サムはちょうど**間に合う**ように学校に着きました。)

重要 If you leave home now, you'll be **in time for** the train.
(もし今，家を出れば，電車**に間に合う**でしょう。)

for ～がつくと，「**～に間に合う**」という意味になる。

関連 on time (時間通りに) ▶ p.161

🔊 52

239 How old ～? 〜は何歳

RANK **How old** is your sister? — She's nine years old.
(あなたの妹さんは何歳ですか。—9歳です。)

重要 **How old** is your school?
(あなたの学校は創立何年ですか。)

建物について使われると，「建てられてから何年か」という意味。

240 such as ～ (例えば)〜のような

RANK I learned about sea animals **such as** whales and dolphins.
(私はクジラやイルカのような海の動物について学習しました。)

例を挙げるときに使う。

重要 At the park, you will see **such** flowers **as** roses, lilies, and pansies.
(その公園で，バラやユリ，パンジーのような花が見られるでしょう。)

such ... as 〜の形になることもある。

関連 for example （例えば） ▶ p.24

241 a group of ～ 〜の一団，〜の集団

RANK **A group of** American students came to our school last week.
(アメリカ人の生徒の一団が先週，私たちの学校に来ました。)

242 for a while — しばらくの間

Emma thought **for a while** and said, "I can't decide."
(エマは**しばらくの間**考えて, 「私は決められない」と言いました。)

関連 for some time （しばらくの間） ▶ p.133

243 run away — 走り去る, 逃げる

When the boy saw Ms. Smith, he **ran away**.
(その少年はスミスさんを見ると, 走り去りました。)

▶ He always **runs away from** difficult things.
(彼はいつも困難なこと**から逃げて**います。)

from がつくと「～から逃げる」という意味になる。

244 take a message — [電話で]伝言を預かる

Can I **take a message**?
(伝言を預かりましょうか。)

関連 leave a message （[電話で]伝言を残す） ▶ p.124

leave a message

take a message

245 Come on. がんばって。, 元気を出して。, さあ。

Come on. We are almost there.
(がんばって。もうすぐ終わりますよ。)

▶ **Come on!** You're late.
(さあ,急いで！ 遅れているわよ。)

相手を励ましたり,行動を促したりするときに使われる。

関連 Come on in. (さあさあ,入って。)

246 I hope so. そうだといいですね。

I think it will be sunny tomorrow.
— **I hope so.**
(私は明日,晴れると思います。— そうだといいですね。)

▶ I hope they will enjoy the party.
— **I hope so, too.**
(彼らがパーティーを楽しんでくれるといいなと思います。
— 私もそうだといいなと思います。)

相手の発言に対して,**同意を示す**ときに使う。

247 more and more ますます

More and more people are becoming interested in Japanese food.
(ますます多くの人々が日本食に興味をもつようになっています。)

出るランクC 245位〜250位

248 write to 〜　　〜に手紙[メール]を書く

RANK Don't forget to **write to** me.
（忘れずに私に手紙[メール]を書いて。）

▶ **Write me** back soon.
（すぐに私に返事を書いてね。）

to を使わない場合もある。

返事、待ってるからね！

関連 write back （返事を書く） ▶ p.157

249 both of 〜　　〜の両方とも

RANK **Both of** these words mean "move."
（これらの単語の両方とも「移動する」という意味を表します。）

▶ Jim and Lisa are my new friends. **Both of them** are from Canada.
（ジムとリサは私の新しい友達です。彼らは2人ともカナダ出身です。）

of のあとに代名詞が続くときは，目的格にする。

250 have a headache　　頭痛がする

RANK What's wrong? — **I have a headache.**
（どうしたのですか。— 頭痛がするのです。）

head**ache** の ache には「痛み」という意味がある。
have a stomachache は「お腹が痛い」という意味になる。

251 pick up 〜 — 〜を拾い上げる, 〜を車で迎えにいく

RANK He told me to **pick up** the can.
(彼は私にその缶を拾い上げるように言いました。)

> pick **the can** up という語順でもよい。また，目的語が it などの代名詞のときは，必ず pick **it** up という語順になる。

重要 Can you **pick me up** at the station?
(駅まで私を車で迎えにきてくれますか。)

> 「車に(人を)乗せる」という意味もある。

252 be over — 終わる

RANK When the game **was over**, it began to rain.
(試合が終わると，雨が降り始めました。)

> この over は「終わって」という意味。

▶ The meeting will **be over** at 5:00.
(会議は5時に終わるでしょう。)

253 away from 〜 — 〜から離れて

RANK Our school is about 5 kilometers **away from** the station.
(私たちの学校は5キロほど駅から離れています。)

関連 far away (遠くに) ▶ p.107

254. take part in ～ 〜に参加する

RANK Are you going to **take part in** the marathon race tomorrow?
(あなたは明日のマラソン大会に参加するつもりですか。)

関連 participate in ～ (〜に参加する)

255. get angry 怒る

RANK My mother **gets angry** when I watch TV for a long time.
(私が長い間テレビを見ていると，母は怒ります。)

怒っていない状態から「**怒る**」→ **get** angry で表す。
すでに「**怒っている**」状態 → **be** angry で表す。

▶ Sam did nothing, so I **got angry with** him.
(サムが何もしなかったので，私は彼に怒りました。)

「〜に怒る」というときは，get angry **with** 〜の形を使う。

256. all the time いつも

RANK Jim is late **all the time**.
(ジムはいつも遅刻します。)

▶ I keep the doors open **all the time**.
(私はいつもドアを開けたままにしています。)

257 **Hold on, please.** ［電話で］お待ちください。

RANK May I speak to Bob?
— Sure. **Hold on, please.**
(ボブをお願いします。—はい。お待ちください。)

hold on は「電話を切らないでおく」という意味。

関連 hang up （電話を切る）

258 **leave a message** ［電話で］伝言を残す

RANK Can I **leave a message**?
（［電話で］伝言を頼めますか。）

この **leave** は「預ける，残す，置いていく」という意味。

関連 take a message （［電話で］伝言を預かる） ▶ p.119

259 **Which do you like better, A or B?** AとBではどちらのほうが好きですか。

RANK **Which do you like better, soccer or baseball?**
（サッカーと野球ではどちらのほうが好きですか。）

2つのものを比べて，どちらがより好きかをたずねるときに使う。

関連 like A better than B （BよりもAのほうが好きだ） ▶ p.94

> どちらかなんて選べないよ。

出るランクC 👑👑👑🔲🔲 　👑 257位〜262位

260. so wonderful that 〜　とてもすばらしいので〜

The movie was **so wonderful that** I saw it three times.
(その映画はとてもすばらしかったので私は3回見ました。)

関連 so tired that he can't 〜
(とても疲れているので彼は〜できない) ▶ p.148

261. I'm sure that 〜.　きっと〜と思う。

I'm sure that your dream will come true.
(きっとあなたの夢はかなうだろうと思います。)

この sure は**「確信して」**という意味。また，that は**省略**することもできる。

262. How often 〜?　どのくらいの頻度で

How often do you play soccer?
— Three times a week.
(あなたはどのくらいの**頻度で**サッカーをしますか。— 週に3回です。)

頻度や**回数**をたずねる文。答えでは，次のような語句が使われる。
once（1回）　　**twice**（2回）　　**〜 times**（〜回）

▶ **How often** does the train come?
— Every ten minutes.
(電車はどのくらいの**間隔で**来ますか。— 10分おきです。)

263 wake up 目を覚ます

RANK Judy **woke up** early in the morning.
（ジュディーは朝早く**目を覚ましました**。）
▶ I asked my mother to **wake me up** at 6:00.
（私は母に6時に私を起こすように頼みました。）

wake 人 up で「(人)を起こす」という意味。

→関連 get up （起きる） ▶p.29

264 graduate from ～ ～を卒業する

RANK My sister will **graduate from** high school in March.
（私の姉は3月に高校を卒業する予定です。）

名 graduation は「卒業」という意味。

265 be full of ～ ～でいっぱいである

RANK The students' faces **were full of** joy.
（生徒たちの顔は喜びでいっぱいでした。）
▶ Judy's basket **was full of** flowers.
（ジュディーのかごは花でいっぱいでした。）

be filled **with** ～を使って，Judy's basket **was filled with** flowers. のように書きかえることもできる。

be impressed with ~   ～に感動する

We **were impressed with** her speech.
(私たちは彼女のスピーチに感動しました。)

▶ Becky **was very impressed by** the story.
(ベッキーはその話にとても感動しました。)

with ではなく, **by** が使われることもある。

I mean ~.   ～という意味である。

I mean I've been there but I don't know how to get there.
(私はそこへ行ったことがありますが, 行き方はわからないという意味です。)

▶ I may study abroad. **I mean**, I will study abroad.
(私は留学するかもしれません。いや, 留学します。)

発言を補足・訂正して「いやその, つまり」という意味でも使う。

take a walk   散歩する

My grandfather **takes a walk** in the park every morning.
(祖父は毎朝, 公園を散歩します。)

関連 go for a walk （散歩に行く）
take my dog for a walk （犬を散歩に連れていく） ▶ p.132

♪) 57

069 even if ～　　たとえ〜だとしても

RANK You should try to speak in English **even if** you're not good at it.
(たとえ得意でないとしても，英語で話そうと努めるべきです。)

if のあとは，〈主語＋動詞 〜〉の文の形が続く。

070 throw away ～　　〜を捨てる

RANK We should not **throw away** plastic bottles.
(私たちはペットボトルを捨てるべきではありません。)

▶ Please think carefully before you **throw it away**.
(それを捨てる前によく考えてください。)

語順に注意。×throw away it としないこと。

071 not as hot as ～　　〜ほど暑くはない

RANK Tokyo is **not as hot as** Hawaii.
(東京はハワイほど暑くはありません。)

▶ My room is **not as large as** my brother's.
(私の部屋は兄のほど広くはありません。)

比較級を使って次のように書きかえることもできる。
My room is **smaller than** my brother's.
(私の部屋は兄のより狭い。)
My brother's room is **larger than** mine.
(兄の部屋は私のより広い。)

出るランクC 👑👑👑👑👑 **269位〜274位**

272 belong to 〜 〜に所属する

RANK Do you **belong to** any clubs at school?
(あなたは学校で何かクラブに所属していますか。)

belong は状態を表すので, ふつう進行形にしない。

273 in this way このように

RANK Tom's family spends their summer vacation **in this way** every year.
(トムの家族は毎年このように夏休みを過ごします。)

重要 Wave your hands **this way**.
(手をこんなふうに振ってみて。)

this way だけでも使うよ。

274 either A or B A か B かどちらか

RANK **Either Ken or I** have to go there.
(健か私かどちらかがそこへ行かなければなりません。)

動詞の形は B に合わせる。×Either Ken or I has to 〜 とはいわない。

難関 I **don't** play **either** soccer **or** tennis.
(私はサッカーもテニスもしません。)

否定文で使われると, 「AもBもどちらも〜ない」という意味になる。
I play **neither** soccer **nor** tennis. とほぼ同じ意味。

関連 both A and B (AもBも両方とも) ▶ p.83

275 during my stay in ～   ～滞在中に

I had a good time during my stay in London.
(私はロンドン**滞在中に**楽しい時を過ごしました。)

while を使って，I had a good time **while** I was staying in London. と書きかえることもできる。

▶ Mr. Smith wants to go fishing **during his stay**.
(スミスさんは**滞在中に**釣りに行きたいと思っています。)

in 以降を省略することもある。

276 learn to ～   ～するようになる

The baby learned to walk.
(その赤ちゃんは**歩くようになりました**。)

to のあとには**動詞の原形**がくる。

277 go abroad   外国へ行く

These days many students go abroad.
(近ごろ，多くの生徒が**外国へ行きます**。)

×go <u>to</u> abroad としないこと。abroad の前に to は入れない。

278 get out of ~ 　〜から降りる, 〜から外へ出る

RANK We **got out of** the taxi and walked to the park.
（私たちは**タクシーから降りて**，公園まで歩きました。）

▶ When did you **get out of** the restaurant?
（あなたはいつ**レストランから出ました**か。）

279 have a hard time 　つらい目にあう, 苦労する

RANK I **had a hard time** when I was a child.
（私は子どものとき，**つらい目にあいました**。）

▶ Ms. Baker **had a difficult time** during her stay abroad.
（ベイカーさんは海外滞在中に**苦労しました**。）

have a difficult time もほぼ同じ意味を表す。

関連 have a good time （楽しい時を過ごす） ▶ p.30

280 look around ~ 　〜を見回す

RANK When I was **looking around** the shop, a man spoke to me.
（**店を見回していると**，男性が私に話しかけてきました。）

▶ Bill **looked around** and said, "How beautiful!"
（ビルは**あたりを見回して**，「なんて美しいんだ！」と言いました。）

あとに目的語が続かず，look around だけで使われることもある。

281

take my dog **for a walk** — 犬を散歩に連れていく

I need to **take my dog for a walk** every day.
（私は毎日，犬を散歩に連れていく必要があります。）

関連 take a walk （散歩する） ▶ p.127

282

not only A **but also** B — A だけでなく B も

Ken speaks **not only English but also Spanish**.
（健は英語だけでなくスペイン語も話します。）

also が省略されることもある。
また，as well as を使って書きかえられることもある。 ▶ p.117
Ken speaks Spanish **as well as** English.

283

too busy **to ～** — 忙しすぎて～できない

Lisa is **too busy to** come to the party.
（リサは忙しすぎてパーティーに来ることができません。）

重要 This book was **too** difficult **for me to** understand.
（この本は難しすぎて私には理解することができませんでした。）

〈for ＋人〉が間に入ることもある。to ～の動作をする人を表す。
また，ふつう **so ... that ― can't** ～を使って書きかえられる。
This book was **so** difficult **that I couldn't** understand it.

関連 so tired that he can't ～
（とても疲れているので彼は～できない） ▶ p.148

出るランクC 👑👑👑👑👑 **281位〜286位**

284. show you around 〜 — あなたに〜を案内する

RANK I'd like to **show you around** my town.
(あなたに私の町を案内したいと思います。)

▶ He was kind enough to **show me around**.
(彼は親切にも私に周辺を案内してくれました。)

around のあとに語句がこないこともある。

285. for some time — しばらくの間

RANK Becky lived in New York **for some time**.
(ベッキーはしばらくの間ニューヨークに住みました。)

この time は,「一定の期間, 時間」という意味。

関連 for a while (しばらくの間) ▶ p.119

286. long ago — ずっと前に

RANK This tool was used in Japan **long ago**.
(この道具はずっと前に日本で使われていました。)

▶ **Long ago**, people thought the Earth was flat.
(昔は, 人々は地球は平らだと思っていました。)

関連 a long time ago
(ずっと前に) ▶ p.93

文の最初にくることもあるんだね。

287 be covered with ～ 〜でおおわれている

About two thirds of the earth **is covered with** water.
(地球の約3分の2は水でおおわれています。)

▶ The top of the mountain **was covered with** snow.
(その山の頂上は雪でおおわれていました。)

288 prepare for ～ 〜の準備をする

I **prepared for** my speech.
(私はスピーチの準備をしました。)

難関 ▶ The city **was prepared for** the flood.
(その市は洪水に備えていました。)

be prepared for 〜で「〜に備えている，〜を覚悟している」という意味。

289 How do you like ～? 〜はいかがですか。

How do you like Japan?
(日本はいかがですか。)

相手に感想をたずねるときに使う。

いい国だと思うよ♪

出るランクC　287位～292位

290 a cup of ～　カップ1杯の～

RANK Would you like **a cup of** coffee?
（**カップ1杯の**コーヒーはいかがですか。）

「カップ2杯のコーヒー」
→ two **cups** of coffee となる。

coffee（コーヒー），tea（紅茶）など，cupで飲むものに使うよ。

関連 a glass of ～　（コップ1杯の～）▶p.164

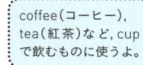

291 just then　ちょうどそのとき

RANK **Just then** the telephone rang.
（**ちょうどそのとき**電話が鳴りました。）

文の最初におかれることが多い。

292 be ready to ～　～する用意ができている

RANK **Are** you **ready to** leave, Sally?
（**出発する用意ができている**かい，サリー。）

to のあとは**動詞の原形**がくる。

重要 We **are ready for** the party.
（私たちはパーティー**の用意ができています**。）

be ready for ～は，あとに**名詞**が続いて，「**～の用意ができている**」という意味。

基本レベル　標準レベル　高得点レベル　超ハイレベル

135

293 go around ～ 〜を歩き回る

RANK I'm going to **go around** the city today.
(私は今日，市内を歩き回るつもりです。)

重要 The earth **goes around** the sun.
(地球は太陽の周りを回っています。)

「〜の周りを回る」という意味でも使われる。

294 take out ～ 〜を取り出す

RANK Jim **took out** a map from his bag.
(ジムはかばんから地図を取り出しました。)

▶ My father **took** me **out** for a drive.
(父が私をドライブへ連れ出してくれました。)

「(人)を連れ出す」という意味でも使われる。
目的語が me などの代名詞のときは，take me out の語順になる。

295 half of ～ 〜の半分

RANK **Half of** the students were able to answer the question.
(生徒の半分がその質問に答えることができました。)

half of ＋単数名詞→単数扱いになる。
half of ＋複数名詞→複数扱いになる。

関連 all of ～ （〜の全員，〜の全部） ▶ p.53

296. take away 〜 — 〜をかたづける, 〜を持ち去る

RANK Please **take away** these books.
(これらの本をかたづけてください。)

▶ A crow **took** my hat **away**.
(カラスが私の帽子を持ち去りました。)

〈take ＋目的語＋ away〉の形で使われることもある。

297. try on 〜 — 〜を試着する

RANK I'd like to **try on** that pink shirt.
(あのピンクのシャツを試着したいのですが。)

このまま May I **try** it **on**?
(それを試着してもいいですか。)

店で衣服などを試着したいときに、店員にいう言葉。
it などの代名詞が目的語のときは、try it on の語順になる。

298. depend on 〜 — 〜に頼る, 〜次第である

RANK We **depend on** other countries for oil.
(私たちは石油をほかの国に頼っています。)

難関 It **depends on** your efforts whether you will win the game.
(あなたが試合に勝つかどうかはあなたの努力**次第**です。)

299 at the age of ~ 〜歳のときに

Joe visited Japan for the first time **at the age of** twenty.
(ジョーは 20 歳のときに初めて日本を訪れました。)

この age は「年齢」という意味。

300 be in trouble 困っている

Thank you for helping me when I **was in trouble**.
(私が困っていたときに助けてくれてありがとうございました。)

この trouble は「困難, めんどうなこと」という意味。

このまま I'm in trouble.
(私は困っています。)

300 位到達
おめでとう！

301 cut down ~ 〜を切り倒す

Someone **cut down** the tree last night.
(だれかが昨夜, その木を切り倒しました。)

動 cut(切る)は, 原形と過去形・過去分詞の形が同じ。

難関 Do you know how to **cut down** stress?
(あなたはストレスを減らす方法を知っていますか。)

「〜を減らす, 削減する」「〜を縮小する」などの意味でも使われる。

302. see a doctor — 医者にみてもらう

You don't look well. You should **see a doctor**.
(具合が悪そうですね。医者にみてもらうべきですよ。)

see には「医者などにみてもらう」という意味もある。

▶ My grandmother **goes to see a doctor** once a week.
(私の祖母は週に１度，医者にみてもらいに行きます。)

go to see a doctor の形でもよく使われる。

303. Go ahead. — さあ，どうぞ。

Can I use your bike?
— Sure. **Go ahead.**
(あなたの自転車を使ってもいいですか。―もちろん。さあ，どうぞ。)

次のような場面で使われる。
相手にすすめるときなど → 「さあ，どうぞ。」
順番を譲るときなど → 「お先にどうぞ。」

304. little by little — 少しずつ

She ate the stew **little by little**.
(彼女は少しずつそのシチューを食べました。)

関連 day by day （日ごとに，日に日に）

305 get out — 外に出る

Peter shouted, "**Get out** now!"
(ピーターは「今すぐ**外に出る**んだ!」と叫びました。)

306 suffer from 〜 — 〜に苦しむ, (病気)にかかる

Some people were **suffering from** hunger.
(飢え**に苦しん**でいる人たちもいました。)

▶ Many people in this area **suffered from** asthma.
(この地域では多くの人がぜんそく**にかかり**ました。)

> asthma は「ぜんそく」という意味だよ。

307 make friends with 〜 — 〜と友達になる

I've **made friends with** many people at school.
(私は学校でたくさんの人**と友達になり**ました。)

▶ I've **been friends with** her since the age of five.
(私は5歳のころから彼女と**友達**です。)

be friends with 〜は「〜と友達である, 〜と親しい」という意味。

関連 become friends with 〜 (〜と友達になる)

> friends と複数形を使うよ。

出るランクC 👑👑👑👑👑 | 👑 305位〜310位

308 come up 近づく、やってくる

RANK Ann **came up** and spoke to me.
(アンは**近づいてきて**私に話しかけました。)

関連 come up with 〜 (〜を思いつく、〜に追いつく)

309 as soon as 〜 〜するとすぐに

RANK I called my mother **as soon as** I arrived at the airport.
(私は空港に着く**とすぐに**母親に電話をしました。)

重要 Please write me back **as soon as possible**.
(**できるだけ早く**私に返事をください。)

> **as soon as possible** は「できるだけ早く」という意味。
> Please write me back **as soon as** you **can**. とも表せる。▶ p.149
> メールなどの文末では、**A.S.A.P.** と略した形がよく使われる。

310 rich enough to 〜 〜するのに十分裕福な

RANK Mr. Baker is **rich enough to** buy a castle.
(ベイカーさんはお城を買う**のに十分なほど裕福**です。)

> enough は rich などの形容詞・副詞を後ろから修飾する。

▶ Judy was **kind enough to** take me to the station.
(ジュディーは**親切にも**私を駅まで連れていってくれました。)
「駅まで連れていってくれるほど十分に親切でした」という意味。

🔊 64

311 **get back** 戻る

RANK When did you **get back**?
(あなたはいつ戻りましたか。)

▶ My grandfather **got back** his health.
(私の祖父は健康を取り戻しました。)

「~を取り戻す」という意味でも使われる。

312 **a pair of ~** １組の~

RANK I'm looking for **a pair of** shoes.
(私は１足の靴を探しています。)

次のような２つから成るものを数えるときに使う。
shoes(靴), **pants**(ズボン), **scissors**(はさみ), **chopsticks**(はし)

▶ Ms. Hall bought **five pairs of chopsticks**.
(ホールさんは５膳のはしを買いました。)

「２組」以上の場合は，pair**s** of ~の形を使う。

313 **far from ~** ~から遠い，~から遠くに

RANK My house is not **far from** here.
(私の家はここから遠くはありません。)

否定文や疑問文で使われることが多い。

関連 far away （遠くに） ▶ p.107

出るランクC 👑👑👑🗁🗁 　👑 311位～316位

314 | be late for ～ | ～に遅れる

RANK Hurry up, or you'll **be late for** school.
（急ぎなさい，そうしないと学校に**遅れる**よ。）

315 | forget to ～ | ～するのを忘れる

RANK She sometimes **forgets to** bring her lunch.
（彼女はときどき昼食を持ってくる**のを忘れます**。）

to のあとは**動詞の原形**がくる

重要 **Don't forget to** bring your notebooks.
（ノートを持ってくる**のを忘れて**はいけません。）

don't や never などの否定語といっしょに使われることも多い。

316 | say hello to ～ | ～によろしくと言う

RANK **Say hello to** your parents.
（あなたのご両親に**よろしくと言って**ください。）

この hello は「こんにちはというあいさつ」という意味。

重要 I'm sad to **say goodbye to** everyone.
（みなさん**にさようならを言う**のは悲しいです。）

say goodbye to ～で「～にさようならを言う」という意味。

関連 say hi to ～ （～によろしくと言う）

基本レベル

標準レベル

高得点レベル

超ハイレベル

317 fall down — 倒れる，落ちる

She **fell down** and hurt her arm.
(彼女は**倒れて**腕をけがしました。)

fall は不規則動詞。fall — **fell** — **fallen** と変化する。

▶ Something **fell down** from the tree.
(何かが木から**落ちて**きました。)

318 not 〜 any more — これ以上〜ない，今はもう〜ない

I'm **not** going to wait **any more**.
(私は**これ以上**待つつもりはありません。)

▶ I **don't** take piano lessons **any more**.
(私は**今はもう**ピアノのレッスンを受けていません。)

▶ I **can't** run **any more**.
(私は**これ以上**走れません。 / 私は**今はもう**走れません。)

前後の文脈から，どちらの意味なのか判断が必要な場合もある。

これ以上走れない。

わしゃ，もう走れんのじゃ。

319 get together — 集まる

Let's **get together** next Friday.
(次の金曜日に**集まりましょう**。)

出るランクC 👑👑👑👑 | 👑 317位〜322位

320 one after another　次々と

RANK Students came into the classroom **one after another**.
(生徒たちが**次々と**教室に入ってきました。)

▶ He showed us many pictures **one after another**.
(彼は私たちにたくさんの写真を**次々と**見せました。)

→関連　one after the other　(次々と)

321 do well　うまくやる

RANK I know I have to **do well**.
(私は**うまくやら**なければならないことはわかっています。)

▶ My sister **did well in school**.
(私の姉は**学校でいい成績を取り**ました。)

do well in school で「学校でいい成績を取る」という意味になる。

322 clean up 〜　〜をかたづける，〜をきれいにそうじする

RANK Have you **cleaned up** your room yet?
(あなたはもう自分の部屋を**かたづけ**ましたか。)

この up は「すっかり，完全に」という意味。

▶ We have to **clean up** the river.
(私たちは川**をきれいにそうじし**なければなりません。)

基本レベル　標準レベル　高得点レベル　超ハイレベル

🔊 66

323 | by hand | 手(製)で

RANK I received a message written **by hand**.
(私は手書きのメッセージを受け取りました。)

「(機械ではなく)手で」というときに使うよ。

324 | hear from ～ | ～から連絡がある

RANK I'm happy to **hear from** my friend in Australia.
(私はオーストラリアにいる友達から連絡があってうれしい。)

このまま **I hope to hear from you soon.**
(返事を待っています。)

手紙やメールなどで，結びの言葉として使われる。

関連 hear about ～ （～について聞く） ▶ p.83

325 | lots of ～ | たくさんの～

RANK There were **lots of** people at the party.
(パーティーにはたくさんの人がいました。)

▶ My mother has to do **lots of housework** every day.
(私の母は毎日，たくさんの家事をしなければなりません。)

数えられる名詞の複数形だけでなく，数えられない名詞も続く。

関連 a lot of ～ （たくさんの～） ▶ p.12

326. point to ~ 〜を指さす

Lisa **pointed to** the building on the hill.
(リサは丘の上の建物を指さしました。)

▶ Mike **pointed at** his watch.
(マイクは自分の腕時計を指さしました。)

at を使って，**point at** 〜とすることもある。

327. go through ~ 〜を通り抜ける

The bus **went through** the town.
(バスは町を通り抜けました。)

関連 go by （通りすぎる，〈年月が〉たつ）

328. once a week 週に1回

I practice the guitar **once a week**.
(私は週に1回ギターを練習します。)

once は「1回，1度」という意味。

▶ John sees his grandparents only **once a year**.
(ジョンは1年に1度だけ祖父母と会います。)

関連 once a year （年に1回）
once a month （月に1回）

329 How many times 〜? 何回〜

How many times have you been to America**?**
(あなたは**何回**アメリカへ行ったことがありますか。)

この time は「〜回, 〜度」という意味。
回数をたずねるときに使う。

関連 How often 〜? (どのくらいの頻度で) ▶ p.125

330 so tired that he can't 〜 とても疲れているので彼は〜できない

Jack is **so tired that he can't** run.
(ジャックは**とても**疲れている**ので**走る**ことができません**。)

Jack is **too** tired **to** run. と書きかえることもできる。

▶ This question was **so difficult that I couldn't** answer it.
(この問題は**とても**難しかった**ので**私には答え**られませんでした**。)

過去の文のときは, can't ではなく, **couldn't** を使う。

関連 too busy to 〜 (忙しすぎて〜できない) ▶ p.132

331 be surprised at 〜 〜に驚く

I **was surprised at** what she said.
(私は彼女が言ったこと**に驚きました**。)

関連 be surprised to 〜 (〜して驚く) ▶ p.62

出るランクC 👑 👑 👑 ♡ ♡　👑 329位～334位

332 leave for ～　　～に向けて出発する

RANK What time do you usually **leave for** school?
（あなたはふつう，学校へ行くのに何時に出発しますか。）

重要 My father is going to **leave Narita for Singapore** tomorrow.
（私の父は明日，シンガポールに向けて成田を出発します。）

leave ... for ～ で「～に向けて…を出発する」という意味。

333 as hard as you can　　できるだけ熱心に

RANK You have to practice **as hard as you can**.
（あなたはできるだけ熱心に練習しなければなりません。）

as ～ as possible を使って，You have to practice **as hard as possible**. と書きかえることもできる。 ▶ p.141

▶ My brother ran **as fast as he could**.
（私の弟はできるだけ速く走りました。）

過去の文のときは，can ではなく，could を使う。

334 die of ～　　～で死ぬ

RANK In the past, many people **died of** hunger.
（昔は，多くの人が飢えで死にました。）

REVIEW

必出！スコアアップ講座 3 　前置詞を覚えよう

Q （　　）内から適切な語句を選びましょう。
※赤フィルターでチェックしましょう。

1. 動物園に行くのはどうですか。— それはいい考えですね。
   Why don't we go to the zoo? — Sounds (like / as / to) a good idea.
   答え **like**　▶ p.114

2. 兄が私の宿題を手伝ってくれました。
   My brother helped me (to / for / with) my homework.
   答え **with**　▶ p.93

3. あなたは何を探しているのですか。
   What are you looking (at / for / in)?
   答え **for**　▶ p.31

4. あなたはカレーを作るのが得意ですか。
   Are you good (at / for / to) cooking curry?
   答え **at**　▶ p.64

5. その通りは葉っぱでおおわれていました。
   The street was covered (for / with / on) leaves.
   答え **with**　▶ p.134

6. あなたは天気のことを心配する必要はありません。
   You don't have to worry (in / about / at) the weather.
   答え **about**　▶ p.51

7. サムは昨年，フランスとスペインの間を旅しました。
   Sam traveled (under / between / from) France and Spain last year.
   答え **between**　▶ p.71

8. 私の姉はエマと電話で話をしています。
   My sister is talking with Emma (in / to / on) the phone.
   答え **on**　▶ p.89

9. 私はピーターの家庭に2週間滞在しました。
   I stayed (to / after / with) Peter's family for two weeks.
   答え **with**　▶ p.74

10. サッカーをすることはサッカーの試合を見ることとは異なります。
    Playing soccer is different (as / from / for) watching soccer games.
    答え **from**　▶ p.96

CHAPTER 4

超ハイレベル

♛ 高校入試ランク 335位〜430位

この章に収録されているのは,難関校の入試で出題されるハイレベルな熟語です。高校入学後にも役立つ実用的な熟語ばかりなので,積極的に挑戦しましょう。

We can deal with it.
(僕たちならできるさ。)

335 at least　少なくとも

Sarah checks her e-mail **at least** twice a day.
(サラは少なくとも1日に2回はメールをチェックします。)

この least は「もっとも少ないこと，最小」という意味。

336 put out ～　～を出す，～を消す

He **put out** his hand to shake hands with me.
(彼は私と握手をするために手を出しました。)

▶ We should **put out** the fire first.
(私たちはまずは火を消すべきです。)

火や明かりなどを「消す」という意味でも使われる。

337 as usual　いつものように

My father was reading a newspaper in the living room **as usual**.
(私の父はいつものように居間で新聞を読んでいました。)

▶ **As usual**, I walked to school with Bob.
(いつものように，私はボブと歩いて学校へ行きました。)

関連 usually （副 ふつうは）

いつものように勉強がんばるぞ。

出るランクD 👑👑👑👑 👑 335位～340位

338 Take it easy.
気楽にね。, 無理しないで。

RANK
You don't have to worry about it. **Take it easy.**
(そのことを心配する必要はないよ。気楽にいこう。)

▶ See you tomorrow. **Take it easy!**
(また明日。じゃあね!)

> 次のような場面で使われる。
> 人をなだめて　→「気楽にね。」「落ち着いて。」
> 別れのあいさつ→「じゃあね!」

339 write down ~
~を書きとめる

RANK
The students **wrote down** the sentence.
(生徒たちはその文を書きとめました。)

▶ Look at the blackboard. **Write this down.**
(黒板を見て。これを書きとめなさい。)

〈write + 目的語 + down〉の語順になることもあるよ。

340 in the middle of ~
~の真ん中に

RANK
The children sat down **in the middle of** the field.
(子どもたちはグラウンドの真ん中にすわりました。)

▶ **In the middle of April**, tulips are in full bloom there.
(4月の中ごろに, そこではチューリップが満開になります。)

「場所」だけでなく, 期間の「中ごろに」というときにも使われる。

341 any of ～ ～のどれでも，～のどれか

You can read **any of** the books here.
（ここにある本の**どれでも**読むことができます。）

of のあとには，名詞の複数形や複数を表す語句がくる。

342 get married 結婚する

She's going to **get married** in June.
（彼女は6月に**結婚する**予定です。）

▶ Bill **is married** to Yuko.
（ビルは優子と**結婚しています**。）

<u>get</u> married →「結婚する」ということを表す。
<u>be</u> married →「結婚している」という状態を表す。

×be married with ～とはいわないよ。

343 look down 見下ろす

Judy **looked down** at the stage.
（ジュディーはステージを**見下ろしました**。）

「～を見下ろす」というときは，**at** を使う。

▶ The boy **looked down** and said nothing.
（その少年は**下を向いて**何も言いませんでした。）

関連 look up （見上げる，～を調べる） ▶ p.112

出るランクD

344 catch a cold — かぜをひく

If you walk in the rain for hours, you'll **catch a cold**.
(何時間も雨の中を歩けば、かぜをひくでしょう。)

「かぜにかかる」ということを表す。

▶ I **caught a bad cold** and couldn't go to school.
(私はひどいかぜをひいたので、学校へ行けませんでした。)

関連 have a cold （かぜをひいている） ▶ p.97

345 hurry up — 急ぐ

Hurry up, or you'll miss the train.
(急ぎなさい、そうしないと電車に乗り遅れます。)

命令文で使われることが多い。

346 at once — すぐに

When I entered the shop, a clerk came up to me **at once**.
(私がその店に入ると、店員がすぐに私のところにやってきました。)

関連 right now （今すぐ、ただ今） ▶ p.116
right away （すぐに） ▶ p.180
soon （副 すぐに）

347 all around ～　〜中に，あたり一面に

There are many flowers **all around** the town.
(町中にたくさんの花があります。)

関連 all over ～　(〜中で，〜のいたるところで) ▶p.61

348 in those days　そのころは，当時は

In those days, bananas were expensive.
(そのころは，バナナは高価なものでした。)

関連 these days　(このごろ，最近) ▶p.87

349 You're kidding.　冗談でしょう。

I got a gold medal.
— **You're kidding.**
(私は金メダルを取りました。
— 冗談でしょう。)

相手の言ったことが信じられないというときに使う。

▶ I saw a UFO yesterday.
— **Are you kidding?**
(私は昨日，UFO を見ました。— 冗談でしょ？)

Are you kidding?，**No kidding.** も同じ意味で使われる。

関連 Just kidding.　(ほんの冗談です。)

出るランクD 347位〜352位

350 at a time — 1度に

Sea turtles lay about 100 eggs **at a time**.
(ウミガメは**1度に**約100個の卵を産みます。)

351 used to 〜 — よく〜したものだ, 〜だった

I **used to** play with dolls when I was little.
(私は小さいころよく人形遊びをしたものです。)

助動詞のように使われ, to のあとは**動詞の原形**がくる。

関連 be used to 〜 (〜に慣れている) ▶ p.177

> used は[ユーストゥ]という発音になるよ。

352 write back — 返事を書く

I'm going to **write back** to John.
(私はジョンに**返事を書く**つもりです。)

▶ Please **write me back**.
(私に返事を書いてください。)

write 〜 back の形で使われることもある。

関連 write to 〜 (〜に手紙[メール]を書く) ▶ p.121

353 begin with ~ 〜から始める

We should **begin with** collecting money.
(私たちはお金を集めることから始めるべきです。)

関連 start with ~ （〜から始める）

354 hundreds of ~ 何百もの〜

Hundreds of people come to the museum every day.
(毎日，何百人もの人々がその博物館に来ます。)

hundred**s** と複数形にする。

関連 thousands of ~ （何千もの〜）
millions of ~ （何百万もの〜）

355 the same as ~ 〜と同じ

The population of this country is about **the same as** that of Tokyo.
(この国の人口は東京とほとんど同じです。)

▶ Becky doesn't want to wear **the same clothes as** others.
(ベッキーはほかの人と同じ洋服は着たくありません。)

the same と as の間に名詞がくることもある。

356. move around ～ 〜を動き回る

The players are **moving around** the field quickly.
(選手たちは素早くグラウンド**を動き回って**います。)

▶ The moon **moves around** the earth.
(月は地球**の周りを回って**います。)

「〜の周りを回る」という意味でも使われる。

357. wish for ～ 〜を望む

All parents **wish for** their children's happiness.
(すべての親は子どもたちの幸せ**を望んで**います。)

この wish は動詞で「望む，〜を願う」という意味だが，名詞で「願い」という意味もある。

358. put down ～ 〜を下に置く

Put down your pen.
(ペン**を下に置き**なさい。)

▶ She **put down** my phone number.
(彼女は私の電話番号**を書きとめ**ました。)

「〜を書きとめる」という意味でも使われる。

関連 put up ～ （〜を掲示する，〜を上げる） ▶ p.166
write down ～ （〜を書きとめる） ▶ p.153

359 no more — もう(これ以上)〜ない

RANK We have **no more** time.
(私たちにはもうこれ以上時間がありません。)

> We **don't** have **any more** time. と書きかえることもできる。

▶ There was **no more** fuel left.
(**もう**燃料が残っていませんでした。)

関連 no longer （もはや〜ない） ▶ p.161

---

360 here and there — あちこちで

RANK Cherry blossoms are blooming **here and there**.
(桜の花があちこちで咲いています。)

> ×there and here とはいわない。

---

361 can tell A from B — AとBを見分ける

RANK He **couldn't tell sugar from salt**.
(彼は砂糖と塩を見分けることができませんでした。)

▶ I **can tell** that he is lying.
(私は彼がうそをついていることを**見抜けます**。)

> can tell 〜には「**〜がわかる**」という意味がある。

362 no longer ~ もはや〜ない

This bookstore **no longer** sells that magazine.
(この書店では**もう**その雑誌を売ってい**ません**。)

▶ That machine is **no longer** used here.
(その機械は**もはや**ここでは使われてい**ません**。)

関連 no more （もう〈これ以上〉〜ない） ▶ p.160

363 on time 時間通りに

In Japan, trains usually come **on time**.
(日本では，電車はたいてい**時間通りに**来ます。)

関連 in time （間に合って） ▶ p.117

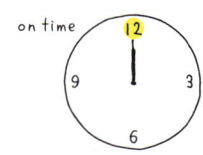

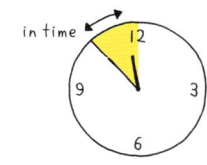

364 bring back ~ 〜を持って帰る，〜を返す

They **brought back** seeds from other countries.
(彼らはほかの国から種**を持って帰りました**。)

▶ I'll **bring** your CD **back** tomorrow.
(明日，あなたのCD**を返します**。)

365 day and night 昼も夜も

He is thinking about soccer **day and night**.
(彼は**昼も夜も**サッカーのことを考えています。)

「昼も夜も休みなくずっと」ということ。

366 introduce A to B AをBに紹介する

I'll **introduce you to my parents**.
(あなたを私の両親に紹介します。)

▶ When was the system **introduced to** Japan?
(そのシステムはいつ日本に**導入され**ましたか。)

「導入する，持ちこむ」という意味で使われることもある。

重要 Please **introduce yourself**, Judy.
(自己紹介してください，ジュディー。)

introduce ~self で「自己紹介する」という意味。

367 Please help yourself. どうぞご自由に召し上がってください。

Please help yourself.
— Thank you. It looks delicious.
(どうぞご自由に召し上がってください。
— ありがとう。おいしそうですね。)

食べ物などを「自分で自由に取ってください」というときに使う。

368 turn off ~ (明かりなど)を消す

You should **turn off** the light when you leave the room.
(部屋を出るときは電気を消すべきです。)

▶ Can you **turn on** the TV?
(テレビをつけてくれますか。)

turn on ~ は「(テレビ・明かりなど)をつける」という意味。

369 feel sorry for ~ ~を気の毒に思う

I **feel sorry for** these dogs. They don't have homes.
(私はこれらの犬を気の毒に思います。彼らには家がありません。)

▶ Sarah **was sorry for** the dog and gave some food.
(サラはその犬を気の毒に思い, 食べ物をやりました。)

feel の代わりに be 動詞が使われることもある。

370 pay for ~ ~の代金を払う

I'll **pay for** lunch.
(私が昼食の代金を払います。)

▶ I **paid** 50 dollars **for** shipping.
(私は船便の送料に 50 ドル支払いました。)

pay のあとに支払う金額がくることもある。

74

371 go on — 続く，先へ進む

RANK Her speech **went on** for two hours.
(彼女のスピーチは2時間続きました。)

▶ Lisa and I **went on** talking.
(リサと私は**話し続けました**。)

> 動詞の ing 形が続くと，「〜し続ける」という意味になる。

▶ He **went on** to the next level.
(彼は次のレベルに**進みました**。)

> 「先へ進む，（次の話題などに）移る」という意味もある。

372 seem to 〜 — 〜のように思われる，〜のようだ

RANK His story **seems to** be true.
(彼の話は本当のように思われます。)

> **to** のあとは動詞の原形が続く。

373 a glass of 〜 — コップ1杯の〜

RANK Can I have **a glass of** water?
(**コップ1杯の**水をいただけますか。)

> 「コップ2杯の水」 → two <u>glasses</u> of water となる。

water(水)，milk(牛乳)など glass で飲むものに使うよ。

▶ 関連 a cup of 〜 （カップ1杯の〜） ▶ p.135

374 in the end — ついに，最後は

In the end, my parents agreed with me.
(最終的には，両親は私に賛成してくれました。)

文の最初だけでなく，最後におかれることもある。

関連 at last （ついに，とうとう）▶ p.97
after all （結局）▶ p.179

375 on the other hand — 他方では

Many people think smartphones are useful. **On the other hand**, some people think they are difficult to use.
(多くの人がスマートフォンは便利だと思っています。他方では，使いにくいと思っている人もいます。)

前に述べた内容とあとの内容を**対比**するときに使われる。

376 in order to ～ — ～するために

We planted trees **in order to** save the forest.
(私たちはその森を守る**ために**木を植えました。)

「目的」を表す。to のあとは，**動詞の原形**がくる。

377 as long as ～   〜する限りは, 〜さえすれば

You can use my bike **as long as** I can have it back by five.
(5時までに戻してくれるなら私の自転車を使ってもいいですよ。)

as long as のあとには, 〈主語＋動詞 〜〉の文の形が続く。

条件を伝えるときによく使うよ。

378 put up ～   〜を掲示する, 〜を上げる

We **put up** a sign that said "KEEP AWAY."
(私たちは「立ち入り禁止」と書いた標識を掲示しました。)

▶ Where should I **put up the tent**?
(どこにテントを張ればよいですか。)

テントを「張る」という意味でも使われる。

関連 put down ～ （〜を下に置く） ▶ p.159
put up with ～ （〜をがまんする）

379 be sick in bed   病気で寝ている

Tom has **been sick in bed** since last week.
(トムは先週から病気で寝ています。)

関連 be ill in bed （病気で寝ている）

出るランクD 👑👑👑👑👑 **377位〜382位**

380 be busy with 〜   〜で忙しい

RANK We **are busy with** our homework every day.
(私たちは毎日宿題で忙しいです。)

▶ My father has no time to watch TV because he **is busy with** his work.
(私の父は仕事で忙しいので、テレビを見る時間がありません。)

381 instead of 〜   〜の代わりに

RANK My mother bought me a magazine **instead of** a comic book.
(母はマンガ本の代わりに雑誌を私に買ってくれました。)

▶ I rode my bike **instead of taking** the bus.
(私はバスに乗る代わりに自分の自転車に乗って行きました。)

of のあとに動詞が続くときは、ing 形にする。

382 plenty of 〜   たくさんの〜, じゅうぶんな〜

RANK I drank **plenty of** water during the practice.
(私は練習中、たくさんの水を飲みました。)

▶ There are **plenty of** examples of universal design.
(ユニバーサルデザインの例はたくさんあります。)

数えられない名詞にも、数えられる名詞にも使える。

関連 a lot of 〜 （たくさんの〜） ▶ p.12

383 look into ~ 〜をのぞきこむ, 〜の中を見る

RANK Jack **looked into** Rina's eyes.
(ジャックは里奈の目をのぞきこみました。)
▶ I **looked into** my bag again and again.
(私は何度もかばんの中を見ました。)

384 so that you can ~ あなたが〜できるように

RANK Shall I put on a CD **so that you can** relax?
(あなたがリラックスできるように CD をかけましょうか。)
▶ Tell me the title of the book **so I can** search it on the Internet.
(インターネットで検索できるようにその本のタイトルを教えて。)

> that が省略されることもある。

385 day after day 来る日も来る日も

RANK **Day after day**, she waited for a call from her son.
(彼女は来る日も来る日も息子からの電話を待ちました。)

関連 year after year （毎年毎年）
day by day （日ごとに, 日に日に）

出るランクD 👑👑👑👑👑 ■ 383位~388位

386. run around — 走り回る

RANK Children were **running around** in the park.
(子どもたちが公園を走り回っていました。)

関連 walk around ~ (~を歩き回る) ▶ p.98
go around ~ (~を歩き回る) ▶ p.136

387. turn down ~ — (明かりなど)を弱くする

RANK Can you **turn down** the air conditioner?
(エアコンを弱くしてもらえますか。)

▶ Please **turn** the volume **down**.
(音量を小さくしてください。)

関連 turn up ~ (〈明かりなど〉を強める, 〈音量など〉を大きくする)
turn off ~ (〈明かりなど〉を消す) ▶ p.163
turn on ~ (〈明かりなど〉をつける)

388. up to ~ — ~まで

RANK We can borrow **up to** three books at a time.
(私たちは一度に3冊まで本を借りられます。)

時間・距離・程度などを示して「~まで」というときに使う。

2時間までなら集中力が続く!

389. be responsible for ~ 〜に責任がある

We **are responsible for** our actions.
(私たちは自分の行動に責任があります。)

390. one ~, the other ... 一方は〜, もう一方は…

One person cuts the vegetables, and **the other** washes them.
(一方の人は野菜を切り、もう一方の人はそれらを洗います。)

> 2つのものを対比していうときに使う。the other は、2つのもののうちの、残りの一方を指す。

▶ There are two statues. **One** has a flower in his hand and **the other** has a book.
(2体の像があります。一方は手に花を持っていて、もう一方は本を持っています。)

391. get along with ~ 〜と仲よくやっていく

Do you **get along with** your classmates?
(あなたはクラスメイトと仲よくやっていますか。)

▶ He can **get along well** in foreign countries.
(彼は外国でうまくやっていくことができます。)

> **get along well** で、「うまくやる、何とか暮らしていく」という意味になる。

出るランクD 👑👑👑👑👑 **389位〜394位**

392 take a break　　ひと休みする

RANK We **took a break** after soccer practice.
(サッカーの練習のあと，私たちはひと休みしました。)

この break は「休けい，休み時間」という意味の名詞。

▶ Shall we **have a break** under the tree?
(木の下でひと休みしませんか。)

have a break もほぼ同じ意味で使われる。

関連 take a rest / have a rest　（ひと休みする）

393 look after 〜　　〜の世話をする

RANK I **looked after** Bob's dog while he went out.
(私はボブが外出している間，彼の犬の世話をしました。)

関連 take care of 〜　（〜の世話をする）▶ p.44

394 play catch　　キャッチボールをする

RANK Tom often **plays catch** with his brother.
(トムは彼のお兄さんとよくキャッチボールをします。)

この catch は動詞ではなく，「キャッチボール」という意味の名詞。
×play <u>catch ball</u> とはいわない。

ball はつけなくていいんだね。

395 at any time
いつでも

If you use the Internet, you can get information **at any time**.
(インターネットを使えば、いつでも情報を得ることができます。)

at は省略されることもある。

396 be friendly to 〜
〜に親切である、〜にやさしい

She **is friendly to** everyone.
(彼女はみんなに親切です。)

▶ We should buy things that **are friendly to** the earth.
(私たちは地球にやさしい物を買うべきです。)

397 be careful about 〜
〜に注意する

My grandfather **is careful about** his health.
(私の祖父は自分の健康に注意しています。)

▶ More people are **becoming careful of** food safety.
(より多くの人が食べ物の安全に注意するようになっています。)

be 動詞の代わりに、**become** が使われることもある。
become careful about[of] 〜で、「〜に注意するようになる」という意味。

398 lose my way — 道に迷う

I have **lost my way**.
(私は**道に迷い**ました。)

▶ Take a map, or you'll **lose your way**.
(地図を持っていきなさい，そうしないと**道に迷います**よ。)

関連 get lost （道に迷う，途方にくれる）
be lost （道に迷っている）

399 happen to 〜 — 偶然〜する

I **happened to** find the letter.
(私は**偶然**その手紙を見つけ**ました**。)

to のあとには，**動詞の原形**がくる。

400 a sheet of 〜 — 1枚の〜

There is **a sheet of** paper on the table.
(テーブルに**1枚の**紙が置いてあります。)

paper(紙)，glass(ガラス)などを数えるときに使われる。

関連 a piece of 〜 （1枚の〜，1切れの〜） ▶ p.88

400位到達おめでとう。
あと少しだ！

🔊 79

401 all alone — ひとりぼっちで

The boy waited **all alone** in the house.
(その少年は**ひとりぼっちで**家の中で待ちました。)

alone (1人で)を強めた言い方。

402 go across ~ — ~を渡る，~を横切る

Many cars **go across** this bridge every day.
(たくさんの車が毎日この橋**を渡ります**。)

この across は「~を横切って」という意味。

▶ The traffic light turned green, and we **went across** the street.
(信号が青に変わり，私たちは通り**を渡りました**。)

関連 cross (動 ~を横切る)

403 have no idea — わからない，知らない

What is she doing? — **I have no idea.**
(彼女は何をしているのですか。—**わかりません**。)

I don't know. もほぼ同じ意味を表す。

▶ I **have no idea** what he is thinking.
(彼が何を考えているのか**わかりません**。)

404 turn around — ふりむく

Nancy **turned around** when someone tapped on her shoulder.
(だれかがナンシーの肩をたたいたとき，彼女は**ふりむきました**。)

関連 turn round （ふりむく）

405 stand for ~ — （略語などが）～を表す

NBA **stands for** National Basketball Association.
(NBA は National Basketball Association の略です。)

> 日曜大工を表すDIYは，Do it yourself.（自分でやりなさい。）の略。

406 take a look at ~ — ～をひと目見る

Can I **take a look at** your new cell phone?
(あなたの新しい携帯電話を**ひと目見て**もいいですか。)

▶ Let's **take a look at** how penguins live.
(ペンギンがどんなふうに暮らしているか**調べて**みましょう。)

「**調べる**」という意味でも使われる。

関連 look at ~ （～を見る） ▶ p.14

407 go on a trip to ~ 〜へ旅行に出かける

I'm going to **go on a trip to** Nagoya next month.
(私は来月，名古屋へ旅行に出かける予定です。)

関連 take a trip to ~ （〜に旅行する）

408 first of all まず第一に

First of all, I want you to know about this problem.
(まず第一に，私はあなたにこの問題について知ってもらいたいのです。)

first(最初に)を強めた言い方で，文の最初におかれることが多い。順序立てて説明するときなどに使われる。

関連 at first （最初は） ▶ p.67

409 fill ~ with ... 〜を…でいっぱいにする

He **filled the bucket with water**.
(彼はバケツを水でいっぱいにしました。)

fill は「満たす，いっぱいにする」という意味。

▶ Her eyes **were filled with** tears.
(彼女の目は涙でいっぱいでした。)

be filled with ~ で「〜でいっぱいである」「〜で満たされる」という意味。

410 be used to 〜 〜に慣れている

RANK They **are used to** speaking Chinese.
(彼らは中国語を話すことに慣れています。)

> to のあとは，名詞や動詞の **ing** 形がくる。

▶ Becky has **gotten used to** living in Japan.
(ベッキーは日本で暮らすのに慣れました。)

> **get** used to 〜の形で使われることもある。「〜に慣れる」という意味。

関連 used to 〜 （よく〜したものだ，〜だった） ▶ p.157

411 a great number of 〜 多数の〜

RANK **A great number of** people went to see the soccer game.
(多数の人たちがそのサッカーの試合を見に行きました。)

関連 a large number of 〜 （多数の〜）
a number of 〜 （いくつかの〜，たくさんの〜）

412 bring up 〜 〜を育てる

RANK It is not easy to **bring up** children.
(子どもを育てることは簡単ではありません。)

関連 grow up （大人になる，成長する） ▶ p.104

413 by mistake — 間違って

John broke the cup **by mistake**.
(ジョンは**間違って**カップを割ってしまいました。)

×by a mistake, ×by mistakes とはいわない。

> わざとじゃないんだよ。

414 from now on — これからはずっと

I'll study English every day **from now on**.
(**これからはずっと**私は毎日英語を勉強します。)

▶ **From now on**, I will thank my parents.
(**今後は**，私は両親に感謝します。)

415 once more — もう一度

Can you say that **once more**?
(**もう一度**それを言ってもらえますか。)

重要 Do you want to play this game **once again**?
(あなたは**もう一度**このゲームをやりたいですか。)

once again もほぼ同じ意味を表す。

416 work on 〜 〜に取り組む

RANK They are **working on** a new movie.
(彼らは新しい映画**に取り組んでいます**。)

仕事などに「取り組む」,作品などを「制作する」という意味。進行形で使われることが多い。

417 after all 結局

RANK That became a good experience **after all**.
(**結局**,それはいい経験になりました。)

▶ **After all**, life isn't so bad.
(**結局**,人生そんなに捨てたものじゃないです。)

文の最初におかれることもある。

関連 in the end (ついに,最後は) ▶ p.165

418 be supposed to 〜 〜することになっている

RANK Do you know what we **are supposed to** do?
(あなたは私たちが何を**することになっている**か知っていますか。)

to のあとは,動詞の原形がくる。

▶ Ben **is supposed to** be here by five.
(ベンは5時までにここに着く**ことになっている**。)

419 right away　すぐに

You don't have to answer the question **right away**.
(あなたはその質問に**すぐに**答える必要はありません。)

関連　right now　（今すぐ，ただ今）▶ p.116
at once　（すぐに）▶ p.155

420 deal with ～　～に対処する, ～を扱う

You need to **deal with** the hot weather if you live in India.
(インドに住むなら暑い気候に**対処する**必要があります。)

▶ We are going to **deal with** American companies.
(私たちはアメリカの企業**と取り引きをする**予定です。)

会社などが「～と取り引きをする」という意味もある。

421 exchange A for B　AとBを取りかえる

Could you **exchange this sweater for that red one**?
(このセーターをあの赤いのに取りかえていただけますか。)

この exchange は「～を交換する」という意味。

422. on foot — 徒歩で

I go to school **on foot** when the weather is nice.
(天気がよいときは私は**徒歩で**学校へ行きます。)

関連 walk to ～ (～へ歩いていく) ▶ p.75

423. be absent from ～ — ～を欠席する

Why **was** Jim **absent from** school last Monday?
(ジムはこの前の月曜日なぜ学校を**欠席した**のですか。)

この absent は「不在で, 欠席で」という意味。

「～に出席する」なら be present at ～だよ。

424. give him a call — 彼に電話をする

Did you **give him a call** last night?
(あなたは昨夜, 彼に電話をしましたか。)

▶ When you arrive at the station, please **give me a call**.
(駅に着いたら**私に電話をしてください**。)

関連 call (動 ～を呼ぶ, ～に電話する)

🔊 83

425 make up my mind 決心をする

RANK I haven't **made up my mind** yet.
（私はまだ決心していません。）

重要 My father **made up his mind to buy** a new car.
（父は新しい車を買う決心をしました。）

> 〈to ＋動詞の原形〉が続くこともある。
> 「〜する決心をする」という意味。

関連 decide to 〜 （〜しようと決心する） ▶p.38
change my mind （決心を変える，気が変わる）

426 see him off 彼を見送る

RANK I'm going to go to the station to **see him off**.
（私は彼を見送るために駅へ行くつもりです。）

see と off の間には，人を表す語句が入る。

427 make fun of 〜 〜をからかう

RANK I was angry because he **made fun of** me.
（彼が私をからかったので私は怒りました。）

▶ Don't **make fun of** someone's clothes.
（人の服装をからかってはいけません。）

出るランクD 👑 👑 👑 👑 👑 | 👑 **425位〜430位**

428 next door　となりに

A new family has just moved next door.
(**となりに**新しい家族が引っ越してきたばかりです。)

▶ Lisa's family lives **next door to** the Smiths.
(リサの家族はスミス家**のとなりに**住んでいます。)

to ~がつくと「**~のとなりに**」という意味になる。

429 believe in ~　~の存在を信じる

Do you believe in heaven?
(あなたは天国**の存在を信じ**ますか。)

▶ We **believe in** each other.
(私たちはお互い**を信頼し**合っています。)

「**~を信頼する**」という意味でも使われる。

430 keep in touch　連絡を取り合う

I hope we can keep in touch.
(これからも**連絡を取り合い**たいな。)

430位達成！
これで熟語は
バッチリだね。

REVIEW

必出！スコアアップ講座 4　まぎらわしい熟語を見極めよう

Q （　　）内から適切な語句を選びましょう。
※赤フィルターでチェックしましょう。

1. 3番のバスに乗って、2つ目の停留所で降りてください。
   Take bus No. 3 and (get on / get off) at the second stop.
   　　　　　　　　　　　答え　**get off**　▶ p.91, p.98

2. 私たちはパーティーに間に合うように到着しました。
   We arrived (in time / on time) for the party.
   　　　　　　　　　　　答え　**in time**　▶ p.117, p.161

3. ［電話で］伝言を預かりましょうか。— はい、お願いします。
   Can I (take a message / leave a message)? — Yes, please.
   　　　　　　　　　　　答え　**take a message**　▶ p.119, p.124

4. 寒すぎます。エアコンを弱めてくれますか。
   It's too cold.　Can you (turn off / turn down) the air conditioner?
   　　　　　　　　　　　答え　**turn down**　▶ p.163, p.169

5. 私は子どものころ、よくサッカーをしました。
   When I was a child, I (used to / was used to) play soccer.
   　　　　　　　　　　　答え　**used to**　▶ p.157, p.177

6. あなたは毎日、犬の世話をしますか。
   Do you (look for / look after) your dog every day?
   　　　　　　　　　　　答え　**look after**　▶ p.31, p.171

7. 冬のある日、ビルが私に会いに来ました。
   (One day / Some day) in winter, Bill came to see me.
   　　　　　　　　　　　答え　**One day**　▶ p.26, p.95

8. あなたは遅くまで起きているべきではありません。
   You should not (stay at / stay up) late.
   　　　　　　　　　　　答え　**stay up**　▶ p.28, p.115

9. 私たちはしばらくの間ブラウンさんを待ちました。
   We waited for Mr. Brown (with a while / for a while).
   　　　　　　　　　　　答え　**for a while**　▶ p.119

10. 京都はいかがですか。
    (How do you like / What do you like) Kyoto?
    　　　　　　　　　　　答え　**How do you like**　▶ p.134

中学英熟語430 さくいん

※この本に出てくる見出し語430語をアルファベット順に配列しています。
※数字は掲載ページです。

A

- □ *A* as well as *B* ... 117
- □ a cup of 〜 ... 135
- □ a few 〜 ... 43
- □ a glass of 〜 ... 164
- □ a great number of 〜 ... 177
- □ a group of 〜 ... 118
- □ a kind of 〜 ... 85
- □ a little ... 32
- □ a long time ago ... 93
- □ a lot ... 24
- □ a lot of 〜 ... 12
- □ a member of 〜 ... 36
- □ a pair of 〜 ... 142
- □ a piece of 〜 ... 88
- □ a sheet of 〜 ... 173
- □ after a while ... 114
- □ after all ... 179
- □ after school ... 32
- □ again and again ... 116
- □ agree with 〜 ... 90
- □ all alone ... 174
- □ all around 〜 ... 156
- □ all day ... 101
- □ all of 〜 ... 53
- □ all over 〜 ... 61
- □ All right. ... 40
- □ all the time ... 123
- □ 〜 and so on ... 82
- □ any of 〜 ... 154
- □ any other ... 89
- □ around the world ... 55
- □ arrive at 〜
   arrive in 〜 ... 76
- □ as *hard* as *you* can ... 149
- □ as *tall* as 〜 ... 43
- □ as long as 〜 ... 166
- □ as soon as 〜 ... 141
- □ as usual ... 152
- □ ask *him* to 〜 ... 71
- □ at a time ... 157
- □ at any time ... 172
- □ at first ... 67
- □ at home ... 27
- □ at last ... 97
- □ at least ... 152
- □ at night ... 56
- □ at once ... 155
- □ at school ... 34
- □ at that time ... 63
- □ at the age of 〜 ... 138
- □ at the end of 〜 ... 108
- □ at the same time ... 103
- □ away from 〜 ... 122

B

- □ be able to 〜 ... 50
- □ be absent from 〜 ... 181
- □ be afraid of 〜 ... 94
- □ be born ... 54

185

- be busy with ~ — 167
- be careful about ~ — 172
- be covered with ~ — 134
- be different from ~ — 96
- be famous for ~ — 80
- be friendly to ~ — 172
- be full of ~ — 126
- be glad to ~ — 51
- be going to ~ — 13
- be good at ~ — 64
- be happy to ~ — 30
- be impressed with ~ — 127
- be in trouble — 138
- be interested in ~ — 18
- be kind to ~ — 77
- be late for ~ — 143
- be made of ~ — 115
- be over — 122
- be popular among ~ — 105
- be proud of ~ — 107
- be ready to ~ — 135
- be responsible for ~ — 170
- be sick in bed — 166
- be supposed to ~ — 179
- be surprised at ~ — 148
- be surprised to ~ — 62
- be used to ~ — 177
- because of ~ — 87
- begin to *study* / begin *study*ing — 29
- begin with ~ — 158
- believe in ~ — 183
- belong to ~ — 129
- between *A* and *B* — 71
- both *A* and *B* — 83
- both of ~ — 121
- bring back ~ — 161
- bring up ~ — 177
- by bus — 79
- by hand — 146
- by mistake — 178
- by *my*self — 106
- by the way — 64

C

- call *me* back — 108
- Can I ~? — 23
- can tell *A* from *B* — 160
- Can you ~? — 33
- catch a cold — 155
- clean up ~ — 145
- come and *see* — 73
- come back to ~ — 39
- come from ~ — 45
- come in — 93
- Come on. — 120
- come out of ~ — 108
- come to ~ — 15
- come true — 90
- come up — 141
- communicate with ~ — 106
- continue to ~ — 112
- Could you ~? — 53
- cut down ~ — 138

D

- day after day — 168
- day and night — 162
- deal with ~ — 180
- decide to ~ — 38
- depend on ~ — 137
- die of ~ — 149

- ☐ do *my* best ⋯ 84
- ☐ do *my* homework ⋯ 66
- ☐ do well ⋯ 145
- ☐ don't have to ~ ⋯ 70
- ☐ during *my* stay in ~ ⋯ 130

E

- ☐ each of ~ ⋯ 106
- ☐ each other ⋯ 41
- ☐ either *A* or *B* ⋯ 129
- ☐ enjoy *swimm*ing ⋯ 16
- ☐ ... enough to ~ ⋯ 141
- ☐ even if ~ ⋯ 128
- ☐ every day ⋯ 18
- ☐ exchange *A* for *B* ⋯ 180

F

- ☐ fall down ⋯ 144
- ☐ far away ⋯ 107
- ☐ far from ~ ⋯ 142
- ☐ feel sorry for ~ ⋯ 163
- ☐ fill ~ with ... ⋯ 176
- ☐ find out ~ ⋯ 102
- ☐ finish *writ*ing ⋯ 67
- ☐ first of all ⋯ 176
- ☐ for a long time ⋯ 44
- ☐ for a while ⋯ 119
- ☐ for dinner ⋯ 113
- ☐ for example ⋯ 24
- ☐ for some time ⋯ 133
- ☐ for the first time ⋯ 69
- ☐ forget to ~ ⋯ 143
- ☐ from *A* to *B* ⋯ 47
- ☐ from now on ⋯ 178

G

- ☐ get along with ~ ⋯ 170
- ☐ get angry ⋯ 123
- ☐ get back ⋯ 142
- ☐ get married ⋯ 154
- ☐ get off ⋯ 91
- ☐ get on ~ ⋯ 98
- ☐ get out ⋯ 140
- ☐ get out of ~ ⋯ 131
- ☐ get to ~ ⋯ 48
- ☐ get together ⋯ 144
- ☐ get up ⋯ 29
- ☐ get well
  - get better ⋯ 86
- ☐ give *him* a call ⋯ 181
- ☐ give up ⋯ 57
- ☐ go abroad ⋯ 130
- ☐ go across ~ ⋯ 174
- ☐ Go ahead. ⋯ 139
- ☐ go and *see* ⋯ 103
- ☐ go around ~ ⋯ 136
- ☐ go away ⋯ 109
- ☐ go back to ~ ⋯ 49
- ☐ go down ~ ⋯ 90
- ☐ go home ⋯ 52
- ☐ go into ~ ⋯ 77
- ☐ go on ⋯ 164
- ☐ go on a trip to ~ ⋯ 176
- ☐ go out ⋯ 65
- ☐ go *shopp*ing ⋯ 39
- ☐ go through ~ ⋯ 147
- ☐ go to bed ⋯ 48
- ☐ go to school ⋯ 45
- ☐ go up to ~ ⋯ 92
- ☐ Good luck. ⋯ 109
- ☐ graduate from ~ ⋯ 126

- ☐ grow up ... 104

H

- ☐ half of ~ ... 136
- ☐ happen to ~ ... 173
- ☐ have a chance to ~ ... 91
- ☐ have a cold ... 97
- ☐ have a good time ... 30
- ☐ have a hard time ... 131
- ☐ have a headache ... 121
- ☐ have a party ... 89
- ☐ have been to ~ ... 64
- ☐ have fun ... 95
- ☐ have no idea ... 174
- ☐ have to ~ ... 13
- ☐ hear about ~ ... 83
- ☐ hear from ~ ... 146
- ☐ help *me* with ~ ... 93
- ☐ here and there ... 160
- ☐ Here you are.
  Here it is. ... 62
- ☐ Hold on, please. ... 124
- ☐ How about ~? ... 16
- ☐ How do you like ~? ... 134
- ☐ How long ~? ... 31
- ☐ How many ~? ... 33
- ☐ How many times ~? ... 148
- ☐ How much ~? ... 57
- ☐ How often ~? ... 125
- ☐ How old ~? ... 118
- ☐ how to ~ ... 21
- ☐ hundreds of ~ ... 158
- ☐ hurry up ... 155

I

- ☐ I hear that ~. ... 36
- ☐ I hope so. ... 120
- ☐ I hope that ~. ... 23
- ☐ I mean ~. ... 127
- ☐ I see. ... 19
- ☐ I think so, too. ... 63
- ☐ I think that ~. ... 14
- ☐ I'd like ~. ... 55
- ☐ I'd like to ~.
  = I would like to ~. ... 35
- ☐ I'm afraid that ~. ... 99
- ☐ I'm sure that ~. ... 125
- ☐ in fact ... 99
- ☐ in front of ~ ... 46
- ☐ in order to ~ ... 165
- ☐ in the end ... 165
- ☐ in the future ... 34
- ☐ in the middle of ~ ... 153
- ☐ in the morning ... 25
- ☐ in this way ... 129
- ☐ in those days ... 156
- ☐ in time ... 117
- ☐ instead of ~ ... 167
- ☐ introduce *A* to *B* ... 162
- ☐ It is *important* to ~. ... 22
- ☐ It says that ~. ... 99

JKL

- ☐ just then ... 135
- ☐ keep in touch ... 183
- ☐ keep *talk*ing ... 74
- ☐ last year ... 41
- ☐ learn about ~ ... 25
- ☐ learn to ~ ... 130

- ☐ leave a message — **124**
- ☐ leave for ~ — **149**
- ☐ Let me see. — **109**
- ☐ like *A* better than *B* — **94**
- ☐ like ~ (the) best — **76**
- ☐ like to *play* / like *play*ing — **15**
- ☐ listen to ~ — **22**
- ☐ little by little — **139**
- ☐ live in ~ — **19**
- ☐ long ago — **133**
- ☐ look after ~ — **171**
- ☐ look around. — **131**
- ☐ look at ~ — **14**
- ☐ look down — **154**
- ☐ look for ~ — **31**
- ☐ look forward to ~ — **82**
- ☐ look into ~ — **168**
- ☐ look like ~ — **68**
- ☐ look up — **112**
- ☐ lose *my* way — **173**
- ☐ lots of ~ — **146**

M

- ☐ make a mistake — **105**
- ☐ make a speech — **107**
- ☐ make friends with ~ — **140**
- ☐ make fun of ~ — **182**
- ☐ make up *my* mind — **182**
- ☐ many kinds of ~ — **46**
- ☐ many times — **66**
- ☐ May I ~? — **27**
- ☐ May I help you? — **78**
- ☐ May I speak to ~? — **80**
- ☐ more and more — **120**
- ☐ more than ~ — **34**
- ☐ most of ~ — **100**
- ☐ move around — **159**

N

- ☐ need to ~ — **42**
- ☐ next door — **183**
- ☐ next time — **102**
- ☐ next to ~ — **75**
- ☐ no longer ~ — **161**
- ☐ no more — **160**
- ☐ no one — **88**
- ☐ not ~ any more — **144**
- ☐ not as *hot* as ~ — **128**
- ☐ not ~ at all — **85**
- ☐ not only *A* but also *B* — **132**
- ☐ not ~ yet — **86**
- ☐ not very ~ — **96**

O

- ☐ of all — **113**
- ☐ of course — **26**
- ☐ on *his* way to ~ — **81**
- ☐ on foot — **181**
- ☐ on the Internet — **69**
- ☐ on the other hand — **165**
- ☐ on the phone — **89**
- ☐ on time — **161**
- ☐ on TV — **56**
- ☐ on *your* right / on *your* left — **75**
- ☐ once a week — **147**
- ☐ once more — **178**
- ☐ one ~, the other ... — **170**
- ☐ one after another — **145**
- ☐ one day — **26**

- one of ~ — 17
- out of ~ — 56
- over there — 70

PR

- part of ~ — 52
- pay for ~ — 163
- pick up ~ — 122
- play catch — 171
- Please help yourself. — 162
- plenty of ~ — 167
- point to ~ — 147
- prepare for ~ — 134
- put down ~ — 159
- put *it* in ~ — 72
- put on ~ — 78
- put out ~ — 152
- put up ~ — 166
- right away — 180
- right now — 116
- run around — 169
- run away — 119

S

- say hello to ~ — 143
- say to *myself* — 104
- see *him* off — 182
- see a doctor — 139
- seem to ~ — 164
- Shall I ~? — 69
- Shall we ~? — 47
- show *you* around ~ — 133
- since then — 95
- sit down — 85
- sit on ~ — 101
- smile at ~ — 113
- so that *you* can ~ — 168
- so *tired* that *he* can't ~ — 148
- so *wonderful* that ~ — 125
- some day — 95
- some of ~ — 35
- soon after ~ — 115
- sound like ~ — 114
- Sounds good. — 80
- speak to ~ — 82
- stand for ~ — 175
- stand up — 70
- start to *learn*
  start *learn*ing — 19
- stay at ~
  stay in ~ — 28
- stay up — 115
- stay with ~ — 74
- stop *watch*ing — 46
- such as ~ — 118
- suffer from ~ — 140

T

- take a bath — 92
- take a break — 171
- take a look at ~ — 175
- take a message — 119
- take a picture — 72
- take a walk — 127
- take away ~ — 137
- take care of ~ — 44
- Take it easy. — 153
- take *me* to ~ — 50
- take *my dog* for a walk — 132
- take off ~ — 116
- take out ~ — 136

- ☐ take part in ~ — 123
- ☐ talk about ~ — 17
- ☐ talk to ~ — 40
- ☐ talk with ~ — 21
- ☐ tell *me* to ~ — 81
- ☐ ~ than before — 114
- ☐ Thank you for ~. — 37
- ☐ thanks to ~ — 92
- ☐ That's right. — 67
- ☐ the next day — 61
- ☐ the number of ~ — 74
- ☐ the other day — 117
- ☐ the same as ~ — 158
- ☐ the way to ~ — 73
- ☐ these days — 87
- ☐ think about ~ — 20
- ☐ this morning — 54
- ☐ this one / that one — 68
- ☐ this time — 87
- ☐ throw away ~ — 128
- ☐ too *busy* to ~ — 132
- ☐ try on ~ — 137
- ☐ try to ~ — 20
- ☐ turn around — 175
- ☐ turn down ~ — 169
- ☐ turn off ~ — 163

UWY

- ☐ up to ~ — 169
- ☐ used to ~ — 157
- ☐ wait for ~ — 60
- ☐ wake up — 126
- ☐ walk around ~ — 98
- ☐ walk to ~ — 75
- ☐ want to ~ — 12
- ☐ want *you* to ~ — 37
- ☐ Welcome to ~. — 77
- ☐ What kind of ~? — 65
- ☐ What time ~? — 28
- ☐ what to *do* — 60
- ☐ What's wrong? — 101
- ☐ Which do you like better, *A* or *B*? — 124
- ☐ Why don't you ~? — 49
- ☐ Will you ~? — 38
- ☐ wish for ~ — 159
- ☐ with a smile — 104
- ☐ without *saying* — 84
- ☐ work at ~ — 42
- ☐ work on ~ — 179
- ☐ worry about ~ — 51
- ☐ Would you ~? — 100
- ☐ Would you like ~? — 66
- ☐ Would you like to ~? — 79
- ☐ write back — 157
- ☐ write down ~ — 153
- ☐ write to ~ — 121
- ☐ You're kidding. — 156
- ☐ You're welcome. — 63

編集協力	佐藤美穂
	小縣宏行, 宮崎史子, 森田桂子, 渡邉聖子
英文校閲	Nobu Yamada
録音	(財)英語教育協議会(ELEC)
ナレーション	Carolyn Miller, Howard Colefield, 水月優希
ＤＴＰ	(株)明昌堂
アプリ制作	(株)ジャパン・アド・クリエイターズ
デザイン	高橋明香
イラスト	加納徳博

※赤フィルターの材質は PET です。
◆この本は下記のように環境に配慮して製作しました。
・製版フィルムを使用しない CTP 方式で印刷しました。
・環境に配慮して作られた紙を使用しています。

高校入試ランク順　中学英熟語 430

©Gakken Plus 2014 Printed in Japan
本書の無断転載, 複製, 複写(コピー), 翻訳を禁じます。
本書を代行業者等の第三者に依頼してスキャンやデジタル化することは, たとえ個人や家庭内の利用であっても, 著作権法上, 認められておりません。

⑦ データ管理コード 17-1772-1540（CS5）